N E W Y O R K

転轉紐約

林芳年 圖文‧攝影

CONTENTS

目錄

紐約有什麼在等著你？

除了五光十色的時代廣場、宛如森林的中央公園、金剛爬過的帝國大廈、時尚名店街第五大道、電影名勝布魯克林橋，還有伴你穿梭大街小巷的動人音樂。這是獨立自由的靈魂嚮往之地，時尚之都的魅力，你可以瞬間體驗。這裡擁有眾多世界級博物館、畫廊和演藝比賽場地；是各大時尚品牌的集中地；有著多元豐富的美食，是體驗文化、娛樂、購物、美食之旅的聖地。

卡爾維諾在《隱形城市》一書中說：「城市，如同夢想，被慾望和恐懼構築。」紐約，複雜的、動態的鋼筋水泥城市，人群稠密的世俗城市，電影中的夢幻城市，華麗易碎的夢。這城市的獨特景象、語言、情緒、種族關係，一切都明晰可辨。

漫步紐約，轉過街角，某部影片，某些場景中的人物、布景、故事歷歷在目，已融入這城市的肌膚血脈。時代廣場燈火輝煌，格林威治村綠樹蔭濃，哈林區鋪滿石子的門廊和人行道，充滿隱約船隻的海濱，火車站和豪華賓館，高聳苗條的塔樓。明亮大街與神祕小巷，摩天大樓與隱祕街角，充滿著雞尾酒舞會、地鐵追擊、田徑場群架和羅曼史。

電影如同鑰匙，解開這城市的祕密，這些也許是旅人在紐約行旅等待解開的謎。

因曾經營旅遊文學書店，每一次旅行總是和閱讀有一份密切的關係。親臨一個城市，同時看那城市的書，會有不同感受。我會推薦科爾森‧懷特海德（Colson Whitehead）的 The Colossus of New York（極具文學性與詩意的紐約城市書寫）、保羅‧奧斯特（Paul Auster）的《紐約三部曲》（The New York Trilogy，以偵探小說格局寫出紐約的迷宮和人物的特異狀態），以至外來者如布希亞一貫玄妙的《美國》（America）、莎岡《我最美

好的回憶》開篇筆下的紐約等，都魅力不凡，各有風姿。在旅途上看過的書，日後會成為旅程回憶的部分。

　　其中，你可以這樣跟著以紐約為背景，描寫紐約客（New Yorker）和布魯克林人（Brooklynite）入木三分的作家保羅・奧斯特，在他住家附近的咖啡店 Sweet Melissa 喝下午茶開始。他居住三十多年的布魯克林——從當時義大利人後裔集居地的 Carroll Gardens，到隨後住了五年的 Cobble Hill，還有居住至今超過二十五年的 Park Slope，他見證和記錄了布魯克林由荒涼轉為繁盛的巨變。從地鐵站出來，沿著第 7 大道，經過布魯克林音樂學院，隨處可見這一區歷史悠久的褐石房子和各具特色的餐館、理髮店、雜貨店等。此處是全美最美的街區之一，街上行人步伐悠閒，孩童在推車裡微笑，這是真正在地的旅行，貼近當地人的生活。

　　跟著 Emma 這一位在紐約念書，並喜歡動物、喜歡畫畫的自由插畫家朋友，以輕鬆的步伐，漫步於紐約的大城小巷中，觀察一些有趣、特別的小店風景，也許你會遇見一件令人難忘的旅行故事。

　　我深信，帶著這本書，紐約還有很多迷人的故事等著你發掘和體驗！

文化旅人、作家

葉錦鴻 Kenneth Ip

轉轉，因紐約開始

與華成合作，不知不覺中已經是第三本書了。

從奢華絢麗的香港（《轉轉香港》）到東方明珠的上海（《轉轉上海》），如今來到了第三個城市，紐約，這顆代表人們實現夢想的大蘋果，對我來說，更是別具意義。回想 2000 年，與紐約的初次相見，帶著兩只皮箱的我，懷著忐忑不安與想家的心，飛抵甘迺迪機場，開始我的紐約學生生活。在曼哈頓居住的兩年多，不短也不長，如果說居住十年以上自動升級為紐約客，那麼或許我可以算是 20% 紐約客吧！在這裡我認識了生命中的另一半，還有與我合作《轉轉香港》的彧馨。也經歷了 911 事件，還因此無法回到位在雙子星附近的公寓，而寄居在紐約好友家一陣子。紐約居住的經歷有令人傷心、快樂、不可思議的各種回憶。然而少了這趟紐約行，或許就沒有轉轉系列的誕生吧！

雖說是第三本書，按理來說，應該寫來更得心應手，然而書寫紐約時，反而遠比香港和上海來得難以下筆，或許是有太多太多的經驗想跟讀者分享，或許是年少的回憶太多，以至於千頭萬緒，想寫得太多，想說得太多，該怎麼取捨呢？著實讓我傷腦筋。不過我想還是秉持著寫書的初衷，希望讀者閱讀時，不只能獲得資訊，也可以更了解這個城市的故事。

日本建築大師黑川紀章曾說，「城市應該像文學一樣，閱讀它的意韻。」

的確，走馬看花式的旅遊，並不能好好欣賞一個城市。所以每到新城市旅遊，總喜歡隨意漫走，穿梭其中，純粹感受身處此刻的感覺，就好似翻閱一本名叫某某城市的書

籍，每一頁都是不同的體驗。如果說，香港是本美食書籍，上海是本以名人為主軸的歷史書；紐約，則是本多變的書，時而充滿神祕魅力的篇章，時而是洋溢文人藝術的篇章，時而是揮灑異國風情的篇章。紐約的魅力是多樣的，或許是來自世界各民族的融合，造就了這樣的紐約氛圍。在這裡，可以感受下城的異國風情，品味日本村的龐克文化，走訪早期移民者駐足的下東城，或是華人盤據的中國城；抑或是來趟中城的時尚奢華血拼紀行，朝聖電影《第凡內早餐》中出現的 Tiffany 旗艦店，遊走第 5 大道各名品店；抑或是品嘗上城的低調貴氣，來趟博物館之行，幫自己妝點一身文人氣質。

　　若問我最愛紐約哪點？想必是那出其不意的驚喜，也許是地鐵站裡的一名沒沒無聞音樂家的動人演奏，也許是 DUMBO 一處即興的塗鴉牆，也許是洛克斐勒中心旁的美味餐車熱狗，也許是午後在綠意盎然的中央公園休憩片刻，或是偶然巧遇的一間可愛二手書店。這些點點滴滴，對我來說，就是紐約魅力所在。那麼屬於你的是哪些呢？

　　現在，不妨先讓來趟紐約之行，尋找屬於你的紐約之美！希望未來，有更多轉轉系列與大家分享喔！

NEWYORK
NEWYOR
KNEWYO
RKNEW
YORK

紐約每年湧進將近 6,000 萬的遊客，朝聖這個人們心目中永遠的大蘋果。早在 17 世紀時，由於身為天然港的地理位置優勢，紐約（曼哈頓島）成了歐洲國家爭相搶奪的貿易據點。不論是荷蘭人統治的新阿姆斯特丹時代，或是英國人統治的新約克時代，紐約就一直是個令人矚目的城市。時至今日，紐約更是世界重要的文化金融中心。

紐約知多少

變化萬千的紐約，除了電影、影集中的紐約印象，那些美食餐廳、熱門景點、購物地點之外，你對它真正了解多少呢？

關於紐約

曼哈頓島因天然港口的優勢，自 17 世紀以來，下城區就成為向外找尋殖民地的歐洲人眼中的瑰寶。紐約的名字也隨著這些統治者的變更而一再改變。最初向印第安人購買曼哈頓島的荷蘭人，將這裡命名為新阿姆斯特丹，取名於荷蘭的阿姆斯特丹。1664 年，英國人進攻荷蘭在紐約的領地。荷蘭人投降後，英國人將新占領的土地作為禮物獻給英國約克郡公爵（也就是之後的英國國王詹姆士二世），所以取名紐約（意即新約克）。

至於我們熟悉的暱稱大蘋果，最早出現在一位記者的一篇賽馬專欄中。另外像是漫畫《蝙蝠俠》中的高譚市，或是《紐約，紐約》歌詞中的不夜城，都是紐約的代名詞。

至於紐約分區，一般大概區分曼哈頓島為下城（Downtown）、中城（Midtown）與上城（Uptown）。

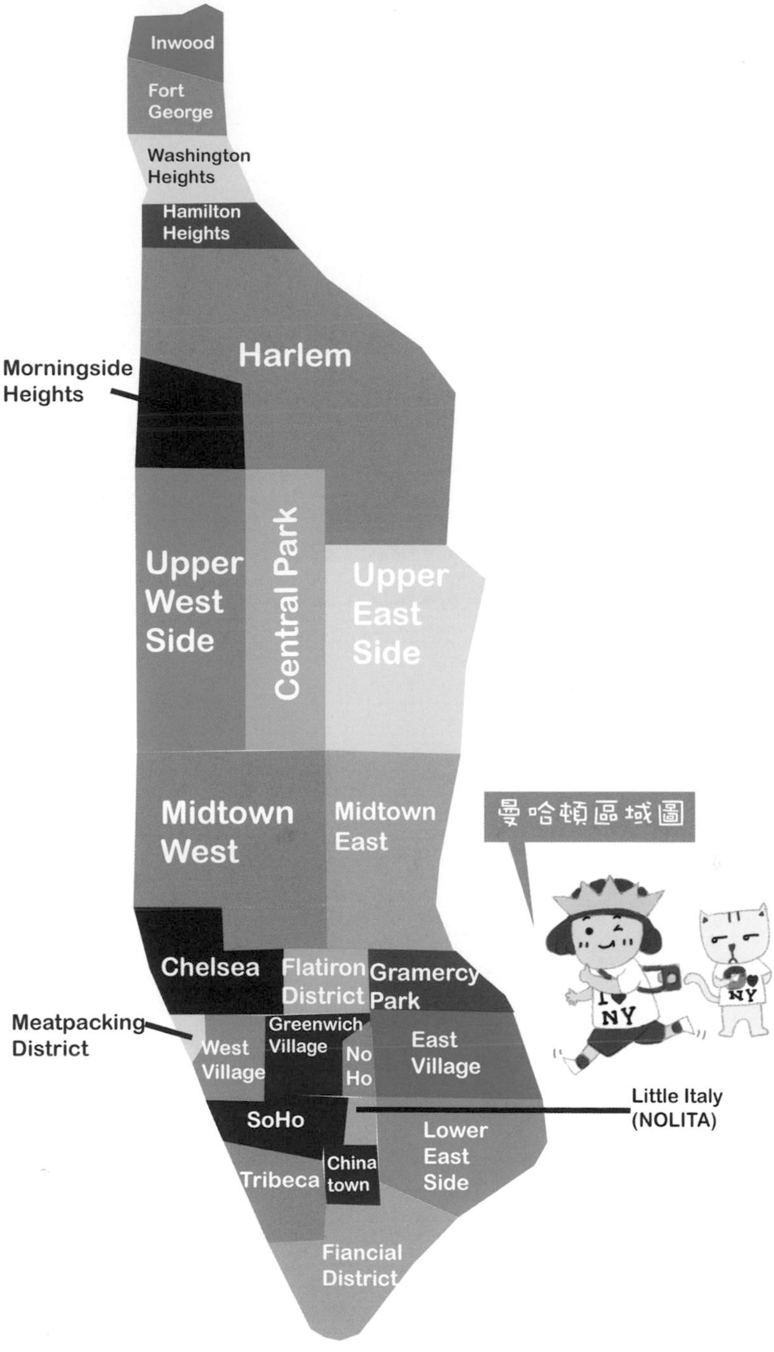

Inwood

Fort
George

Washington
Heights

Hamilton
Heights

Harlem

Morningside
Heights

Upper
West
Side

Central Park

Upper
East
Side

Midtown
West

Midtown
East

曼哈頓區域圖

Chelsea

Flatiron
District

Gramercy
Park

Meatpacking
District

West
Village

Greenwich
Village

No
Ho

East
Village

SoHo

Tribeca

China
town

Lower
East
Side

Fiancial
District

Little Italy
(NOLITA)

I ♥ NY

♥ NY

11

大蘋果幾座橋？
絕佳拍照地點

進出曼哈頓主要有三座橋，被簡稱為 BMW（Brooklyn Bridge, Manhattan Bridge, Williamsburg Bridge）。這些橋本身就是紐約著名的地標，而橋上的人行步道，更是拍攝大蘋果的絕佳地點。

布魯克林橋（Brooklyn Bridge）

身為紐約最古老的懸索橋，也曾是世界第一長的懸索橋，第一座鋼鐵製造的橋。早期原稱為紐約與布魯克林橋，跨越東河（East River）連接兩岸，歷時 13 年才完工，總長度 1,825 公尺。布魯克林橋更是許多電影情節中的常客。

天氣好時，可以選擇傍晚時分，慢慢從曼哈頓散步到對岸的 DUMBO，欣賞美麗的日落及曼哈頓下城的天際線，將是不錯的旅遊行程。另外，這裡也是拍攝曼哈頓橋的最佳位置！

紐約三座名橋，可到橋上拍照，非常適合欣賞曼哈頓。

布魯克林橋

威廉斯堡橋

曼哈頓橋

曼哈頓橋（Manhattan Bridge）

有人說它是紐約最美的橋，淡藍色的橋身、白色的懸索，曼哈頓橋確實就像是位優雅的淑女，靜靜地陪伴在粗獷的布魯克林橋旁邊。

橋有兩層，有地鐵經過，總長度 2,089 公尺，略長於布魯克林橋。

威廉斯堡橋（Williamsburg Bridge）

連接下東城與布魯克林，是三座橋中最長，總長度 2,227 公尺。1903 年 12 月 19 日正式開放，成為跨越東河的第二座懸索橋，第一座則是布魯克林橋。

轉轉紐約

曼哈頓懸日（Manhattanhenge）？

所謂的曼哈頓懸日，是指紐約一年出現兩次（5 月與 7 月）的罕見日落美景。

在特定的時間，可以看見夕陽整齊地落在兩邊高樓當中，成為大自然與城市結合的奇特景致，每次歷時約 15 分鐘。懸日現象的形成，主要是因為曼哈頓的棋盤狀街道所致，所以在特定時間，日落時在所有東西向的街道上，都可以目睹此美景。另外，日出也有類似的懸日現象，在每年 12 月與 1 月。可以查詢預先公布的懸日日期，以便一睹美景。

查詢網址：www.timeanddate.com/astronomy/usa/new-york

省錢及免費資源的教戰手冊

　　在紐約，其實有好多免費資源，如免費渡輪搭乘（Staten Island Ferry）、訊息眾多的免費雜誌《村聲》（The Village Voice），《Time Out New York》的網站也會不斷更新提供紐約的最新資訊。善用這些資源，將讓你在紐約的行程更加愉快！

動物園、植物園免費開放或自由捐獻

周二	周三	周六
布魯克林植物園（Brooklyn Botanic Garden）免費	布朗克斯動物園（Bronx Zoo）自由捐獻	布魯克林植物園（Brooklyn Botanic Garden）10:00 ~ 12:00 免費
	紐約植物園（NewYork Botanical Garden）自由捐獻	

備註：布魯克林植物園（Brooklyn Botanic Garden）冬季平日免費。

博物館免費開放或自由捐獻

博物館（整年）免費 or 自由捐獻	
蘇富比博物館（Forbes Magazine Galleries）	免費
大都會博物館（Metropolitan Museum of Art）	自由捐獻
修道院博物館（The Cloister）	持當日大都會博物館門票即可進入，否則需另外購票
巴里奧博物館（El Museo del Barrio）	自由捐獻
國家設計學院（National Academy of Design）	免費
美國自然歷史博物館（American Mus. of Natural History）	自由捐獻
紐約市博物館（Museum of the City of New York）	自由捐獻
布朗克斯美術館（Bronx Mus. of the Arts）	免費

博物館（部分時段）免費開放 or 自由捐獻				
周二／周三	周四	周五	周六	周日
美國插畫博物館（Mus. of American Illustration）周二 17:00～20:00 免費	兒童博物館（Children's Mus. Of the Arts）16:00～18:00 自由捐獻		布魯克林博物館（Brooklyn Mus.）First Sat（9月無）11:00～23:00 自由捐獻	弗里克收藏博物館（Frick Collection）11:00～13:00 自由捐獻
猶太遺產博物館（Museum of Jewish Heritage）周三 16:00～20:00 免費	新美術館（New Museum）19:00～21:00 自由捐獻	摩根圖書館與博物館（The Morgan Library & Museum）19:00～21:00 免費	古根漢博物館（Guggenheim Museum）17:45～19:45 自由捐獻	
	猶太博物館（The Jewish Museum）17:00～20:00 自由捐獻	現代美術館（MoMA）16:00～20:00 免費	猶太博物館（The Jewish Museum）免費	
	藝術設計博物館（MAD Museum）18:00～21:00 自由捐獻	新畫廊（Neue Galerie）每月第一個周五 18:00～20:00 免費		

周二／周三	周四	周五	周六	周日
	美國華人博物館（Mus. of Chinese in America）每月第一個周四免費	紐約歷史學會（New York Historical Society）18:00～20:00 自由捐獻		

是否購買 CityPass？

紐約有許多套票，如 CityPass。是否需要購買，可以視停留時間長短及套票景點是否都想去。因為停留時間夠長，有些博物館就可以挑選免費或自由捐獻時間前往。

公園免費的活動與表演

每年夏季，特別是在中央公園，會定期舉辦免費的音樂會和莎士比亞劇表演。有些雖是免費的表演，但還是需要預先索票，建議可以到中央公園網站查詢。另外其他公園也都會有類似的活動。（請見 P160~161）

免費的渡輪

前往 Staten Island 的渡輪整年免費，沿途還可以拍攝自由女神。另外夏季時也有免費的渡輪到 Governors Island。

在紐約找廁所？

人有三急，特別是在不熟悉的城市，應該如何處理呢？紐約的公廁不多，有些可能你也不大願意使用。所以如果真的不想到百貨公司或飯店借廁所，建議可以到星巴克。除了分店多，星巴克的廁所一般都不上鎖，不過若是怕不好意思，不妨買杯咖啡，小小消費就可以安心使用。另外 NYU 附近的華盛頓廣場，新建的公廁非常乾淨，也是一個選擇。

紐約也可以賞櫻

在亞洲，賞櫻地點通常會選日本；在美國，一般需要特別到華盛頓特區賞櫻；但其實紐約也有賞櫻勝地！每年的櫻花季節，許多人都特地到布魯克林植物園欣賞櫻花盛開

的美景，特別是園區內的日本山水花園區，更是熱門景點。在櫻花大道（Cherry Esplanade）下漫步，會有種置身在日本的錯覺。櫻花季外的植物園另有一番風情，因此如果來紐約的季節不是櫻花季，也可以到此欣賞其他植物。

布魯克林植物園
（Brooklyn Botanic Garden）
地址：www.bbg.org

轉轉紐約

大蘋果的奇景，騎警！

由於預算問題，美國許多城市已經紛紛解散騎警隊伍。紐約雖然也將騎警數量減少，但仍努力維持這項特別的傳統，畢竟這已是紐約的特色之一了！

騎警主要出沒的區域，集中在時代廣場一帶。不過我也曾在上西區的河濱公園看過騎警，當時正跟老公兩人在餵松鼠，還擔心會被說教，幸好只是和我們對望幾眼，帥氣的騎警就慢慢駕馬昂揚離去。

小心扒手啊

紐約客防偷單車賊的奇招

和許多大城市一樣，曼哈頓上班族甚少開車上下班，一來容易塞車，二來停車費也貴得驚人，所以許多紐約客大多搭乘公共交通或騎單車代步。不過因為偷車賊頗多，就出現各種高手過招的現象。像是常常可以看見拆到只剩骨架的單車、吊掛在高架上或繫了多條鐵鍊護身的單車。除了偷車賊，遊客更要小心扒手就在身邊，千萬別顧著看美景而恍神了。

關於紀念品

　　旅行時，很多人（像我）總
會不免俗地買些具有當地特色的小紀念
品。紐約街頭與紀念品店最常見的商品，
像是「我愛紐約」英文字樣的服裝飾品，
《New Yorker》雜誌封面的印刷品，印有名
字的迷你車牌、磁鐵與鑰匙圈等。不過在不同
的區域，價格也會有所差異。

小費學問多

　　關於小費給多少，應該是許多人到國外
旅遊時經常碰到的問題。若是住飯店，幫忙拿行李的
服務生，每件行李大約給 1 ~ 2 美元小費。餐廳用餐，
午餐是總額的約 15%，晚餐則約 15 ~ 20%。不過小費其實
視服務生的服務與態度而定，若是態度很差，也可以把你的不滿反映在小費上。一般外
賣及麥當勞等速食餐廳不需小費。計程車司機的小費則約 10 ~ 15%。

　　如果懶得計算，可以下載 App（Check Please），幫你計算應付的小費。

　　切記小費是必不可省的，之前就有紐約的朋友
提及曾因為小費給少了，還被服務生追到店
外，場面有點尷尬。小費文化的盛行，主要
因為在美國，餐廳並不像臺灣直接收取服務
費，加上很多服務生的重要收入來源就是
小費。所以除非對方態度惡劣，你可以拒
付小費表示不滿之外，最好還是入境
隨俗。另外，服務生偏愛收到現金的
小費，所以要刷卡的時候，我通常會用刷卡
付帳單總額，再以現金付小費。這只是個
人的習慣，供大家參考。

布魯克林橋上
的小販價格更便宜！
（磁鐵鑰匙圈）

這些應該是
最常見的
紀念品!!

WE ♥ NY

I ♥ NY

NEW YORK
FIFTH AVE AMY

雖然千篇一律，還是要補充！

出發之前，最好先對當地的一些氣候、交通等資訊，做些功課。才不至於手忙腳亂！

行前裝備與須知

關於 ESTA 免簽

2012 年 11 月起，臺灣正式成為美國免簽證計畫（Visa Waiver Program：VWP）的國家之一。即日起，持有臺灣護照者（晶片護照）可以短期停留美國 90 天，但是需要申請 ESTA。

> ESTA
> 網址：www.estataiwan.com

Go!Go! New York!

紐約的四季

紐約氣候分明，夏季溫度有時高達攝氏 30 度以上；冬季很冷，有時會下雪，不過室內都有暖氣。

四季活動

可以根據去紐約的月份，記下可以參與的活動／遊行。例如：3 月的聖派翠克遊行與復活節遊行；5 月 Hell's Kitchen 的第 9 大道國際美食節；6 月的 Museum Mile Festival；7 月的國慶煙火；9 月的 The Feast of San Gennaro（紐約最古老且最大的市集）；10 月的萬聖節遊行或紐約電影節；11 月的梅西百貨感恩節遊行；12 月的洛克斐勒中心聖誕樹點燈等眾多免費活動。

對於喜愛音樂與戲劇表演的人，一定不能錯過夏季時節（6 ～ 8 月）中央公園的夏日舞臺表演。（請見 P161）

電壓

120V。

電話

從美國打電話回臺灣記得加上國碼 886，舉例如果撥打臺北市話 12345678，就是撥 886-2-12345678，若是手機 0912345657，則是 886-91234567。

時差

冬季慢臺灣 13 小時，夏季因日光節約時間，慢 12 小時。

建議準備的

轉接頭、藥品（由於美國看醫生非常昂貴，因此建議可以攜帶腸胃藥或感冒藥等常用藥品）。

交通

機場往返市區

紐約有三個機場,國際航班主要集中在甘迺迪機場(JFK),少數在紐澤西的紐華克機場(Newark)。這裡主要介紹甘迺迪機場到市區的交通。

善用紐約地鐵交通系統,並搭配公車,讓旅行更方便!!

■ 計程車

最方便。若是行李很多的人,可以選擇搭計程車,機場到曼哈頓含小費約 $50 ~ 70(估算)。

■ 叫車接送

單程機場到曼哈頓,加稅及小費 5 美元,兩人約 44 美元,可以網上預約。若是喜歡事先安排好所有交通,叫車服務是個不錯的選擇,除了可以上門接送(door-to-door),還可以網上預約,對於害怕電話英文對答的人來說,節省麻煩。

推薦三家叫車服務,其中 SuperShuttle 和 GOAirlink NYC 這兩家,在機場皆有服務臺,因此若是飛機晚點,也可以在機場服務臺重新安排交通。不過記得列印預約的單子。

> 叫車接送網站
> 金馬電召:car8888.com/about_cn.html
> SuperShuttle:reservations.supershuttle.com/Default.aspx
> GOAirlink NYC:www.goairlinkshuttle.com/nyc-share-ride-airport-shuttle
> 機場接駁叫車搜尋網站:rideflyreservations.com/

喜歡中文服務的店家,則可以選擇華人經營的金馬電召,價格比前面兩家便宜,也不必跟他人分享車子,金馬大約 67 美元(含隧道費),而且只須提前一天預約即可。若是從機場往市區,也可以當場聯絡,若附近有車,即時安排。金馬現在可以利用微信(可至網站查詢其帳號)叫車,此服務對於沒有聯絡電話的遊客來說,只要有 Wi-Fi 就可以叫車。

> AirTrain + 地鐵
> 網址:www.panynj.gov/airtrain/index.html

■ AirTrain + 地鐵

單程票價 $5,最省錢。適合行李較為輕便的人。從甘迺迪機場搭乘 AirTrain 到 Jamaica 站或 Howard Beach 站,接著轉地鐵。

一般地鐵票（MetroCard）		
單程票	Single Ride	3 美元
普通計次車票	Pay-Per-Ride	2.75 美元（Base Fare）

無限次地鐵票 Unlimited Ride			
七日券	7-Day Unlimited	31+1 美元 for 新卡	無限次搭乘公車與地鐵。
三十天券	30-Day Unlimited	116+1 美元 for 新卡	無限次搭乘公車與地鐵。
七天快捷巴士	7-Day Express Bus Plus	57.25+1 美元 for 新卡	無限次搭乘公車與地鐵，以及快速巴士。

普通計次地鐵（Pay-Per-Ride）與無限次地鐵票（Unlimited Ride）的注意事項與比較

普通計次地鐵票	無限次地鐵票
在地鐵票過期前（背後有註明 Expires），都可隨時加值或購買無限次票。	
刷卡間隔限制：刷卡後 18 分鐘內，不能在同一地鐵站或巴士刷卡。	
普通計次票每次加值超過 5.50 美元就有 11% 回贈至地鐵票。	搭越多省越多。
刷卡後 2 小時內，可免費轉乘地鐵或巴士一次。	可無限次轉換巴士或地鐵。
一次可 4 人使用。	一次只能一人使用。

注意：
1. 使用期限，從第一次刷卡開始計算。
2. PATH、AirTrain、Express Buses 不接受 7 日與 30 日無限次地鐵票。

市區交通之地鐵篇

　　由於紐約的交通系統相當發達,許多知名的景點都鄰近地鐵站,因此拜訪紐約時,地鐵是最方便的交通工具。雖說紐約地鐵叫做 subway,不過紐約人仍愛說 train。

■ 地鐵須知

1. 如何找到要搭的車?

　　初次接觸紐約地鐵時,可能會被密密麻麻的路線搞混,其實把握幾個原則就可以輕鬆找到要搭的車。或是可以下載一些 App,事先做功課,規劃好路線。

　　找到要搭乘路線,接著確定目的地方向是往 Uptown,還是 Downtown,然後沿著標示走即可。若不知道是往 Uptown,還是 Downtown,其實只要於地鐵圖圈出所在的地鐵站名,然後找出之後要到的站名,位置在現在所在站名之下就是往 Downtown,反之亦然。

2. 快慢車之區分:

　　Local(慢車)和 Express(快車)之分,在於碰到交通尖峰時刻,有些站快車是不停的。切記別坐錯。

轉轉紐約

3. 地鐵站入口顏色球之區分:

　　紐約地鐵不全都是 24 小時服務。怎麼區分,就看入口豎立的球狀標誌顏色,綠色球是 24 小時有地鐵人員,紅色球則是夜間關閉或其他時段關閉。

4. 如何刷卡:

　　雖說是個簡單的動作,卡上也有註明刷卡的方向,不過觀光客嘛!總是有慌張的時刻,加上紐約刷卡機反應不佳。請留意,票面的黃色面朝自己,快速刷卡即可,出站時則無須刷卡!不過聽說有可能會更改方式,或許到時就無須如此刷卡進站了!

5. 注意安全:

　　盡量不要讓人感覺你是天真的觀光客,若有人尾隨,快速離開或通報地鐵人員。另外等車時盡量站後面些,因為紐約地鐵曾經發生有人被推落鐵軌的意外。

6. 免費地鐵圖: 可以向站務人員索取。

7. 離開紐約前,Metro Card 先別丟:

　　若是有計畫要到 Jamaica 搭乘機場地鐵,單趟機鐵車資 5 美元,確定卡內還有餘額就可使用!

MTA 官網
網址:www.mta.info

市區交通之巴士篇

　　如果熟悉紐約巴士,巴士會是相當便捷的交通工具,還可以沿途欣賞紐約的城市景致。

■ 關於巴士須知

1. 車種及票券區分:

　　除了快慢車,還有一種 limited bus;票券使用方式請參考上述的地鐵篇介紹。車費 Local Bus 是 2.75 美元,Express Bus 是 6.5 美元。

切記!一定要拿票喔!

SBS公車特點是車身會有藍色的條紋,顯示器會顯示+SELECT BUS SERVICE+

2. 巴士營運時間：

大多是 24 小時營運，不過注意有些到了晚上，候車時間會變長。

3. 巴士號碼前標示的英文：

M 代 表 Manhattan，B 代 表 Brooklyn，Q 代 表 Queens，Bx 代 表 Bronx，S 代 表 Staten Island。對遊客來說，Crosstown 巴士其實很實用，特別是 M34，途經許多有名的景點及地鐵站。許多 Crosstown 巴士所代表的數字就是它行駛的路線，如 M14 是沿著 14 街走。

4. 關於 SBS 巴士：

另外一種比較特殊的巴士，就是 SBS（Select Bus Service），和一般巴士最大的區別為車身上有淺藍色底加 +select bus service 字樣，2008 年開始推行。SBS 有點類似快車，像是 M15 與 M15 SBS 的停靠站會有些調整。最重要的是搭乘 SBS，必須先在巴士站的機器取票，然後車抵達時，可以從任何門上車，而無須在前面刷卡。切記，這個取票的動作很重要，因為如果沒取票直接上車，萬一被隨機的查票員發現，可以罰款 100 美元喔！我會這麼清楚，就是因為我當時看到車來，就直接衝上車，然後發現很奇怪地不用刷卡，不過因為我買的是無限次的 Metro 票，所以也就不以為意。結果悲劇發生，下一站來了三個查票員，我就這樣被請下車，不過因為念在我是遊客（幸好有帶護照），加上購買的是無限次票，查票員放我一馬。之後住紐約的好友告訴我，其實平常很少查票，而且一次三個，機率真的很低，讓我有種想馬上去買紐約樂透的衝動。事實證明，那次查票之後，待在紐約的一個月內，完全沒再碰到查票！

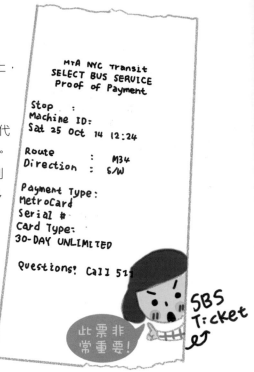

MTA NYC Transit
SELECT BUS SERVICE
Proof of Payment

Stop :
Machine ID:
Sat 25 Oct 14 12:24

Route : M34
Direction : S/W

Payment Type:
MetroCard
Serial #
Card Type:
30-DAY UNLIMITED

Questions! Call 51

此票非常重要！

SBS Ticket

其他市區交通篇

　　欣賞曼哈頓動人的天際線向來是紐約行的必要行程，不過如何無須太過勞動 11 號線的雙腿，又可以飽覽美景呢？其實有許多方式，像是購買 Cruises 行程或遊覽巴士，都是旅行紐約時的各種選項。如果不想花大錢，還可以善用免費 Staten Island 渡輪和 CitiBike 等交通工具。如果情非得已搭乘小黃，別忘了這是個什麼都要小費的城市，計程車小費約 10 ～ 15%，現在還可以車上刷信用卡呢！

住宿（hotel or sublet）

　　到紐約，住宿花費是一大開銷。除了選擇最簡單的方式訂飯店，其實也可以找些短期轉租（sublet）的公寓喔！這些短期轉租公寓，很多是學生寒暑假或個人出遊時期，將公寓轉租給他人；另外還有近年來流行的 Couch Surfing（沙發客）。不過得注意人身安全問題，個人覺得既然難得去玩，住的方面還是別太省喔！

　　這裡提供一些短期轉租或民宿的網站：

　・民宿或短期轉租公寓網站：www.airbnb.com.hk

　・管理完善的公寓出租網站：www.onefinestay.com/search/?city=NYC

　・全球最大旅遊網站：www.tripadvisor.com.tw

　　其他還有許多國際訂房網站，像是 agoda、priceline、expedia，也可以參考。

怎樣才能免稅？是否可以退稅？

　　在美國購物，與臺灣消費稅已內含在價格不同，而且各州稅率也不同。紐約的購物稅是 8.875%，結帳時才會加上。另外若是購買未滿 110 美元的衣物及穿戴類物品，則不需課購物稅。

　　還有，外國遊客在美國購物無法退稅！這點跟歐洲國家不同。

NEW YORK
NEW YORK
NEW YORK
NEW YORK

1

Inwood
Fort
George
Washington
Heights
Hamilton
Heights
Harlem
Central Park
Upper West Side
Upper East Side
Midtown West
Midtown East
Flatiron Gramercy District Park

Downtown

To Manhattan

1

NEW YOR
K NEW YO
RKNEW
YORK 第一步

曼哈頓下城區：百變萬花筒

由於在紐約兩年的 NYU 研究所生活，下城區（Downtown）對我來說，有種家的感覺。如果說紐約是民族大熔爐，我想下城區應該最能代表這層意義。過去在埃利斯島等候的新移民，一旦確定可以移民美國，一般都是先定居在下城，因此這區可謂是當時的地球村代表，各式各樣的人種都曾在此尋找他們的新生活，所以才有小日本、小義大利或小印度等充滿異國風情的文化在此生根，也造就了如萬花筒般的下城區。

逛村子去：前衛的東村 × 歐風的西村與格林威治村

　　紐約下城有三個有名的地區，都以 Village 為名，分別是東村（East Village）、西村（West Village）及格林威治村（Greenwich Village）。雖同樣名為村子，卻是相當不同的風格。

前衛的東村

　　東村既是龐克嬉皮文化中心，也有小日本之稱（這裡的小日本不是罵人的那種意思喔）。早期的東村，其實是充滿著外來移民的貧民區，治安與環境都相當惡劣。直到 1960 年代，開始有許多藝術家、文人政客選擇此地居住，漸漸發展成現在的東村。著名的百老匯劇《吉屋出租》（Rent）的故事背景，其實就是根據東村的歷史而寫。

　　東村過去有許多名人在此居住，像是知名歌手瑪丹娜、普普藝術家安迪沃荷（Andy Warhol）。我在 NYU 念書的第一年也是選擇離學校近的東村居住，所以相對紐約其他區，這裡對我來說，更有種特別的意義。東村的鬧區範圍其實主要以 Astor Place 為起點呈放射狀分布。

Alamo 與 Cooper Square

　　3rd Ave 和 E 8th St 交會處，就是東村有名的地標 Alamo，這個看似骰子的黑色金屬方塊，可以移動喔！不知為何許多年輕人喜歡在此聚集，也是觀光客拍照的熱門景點。

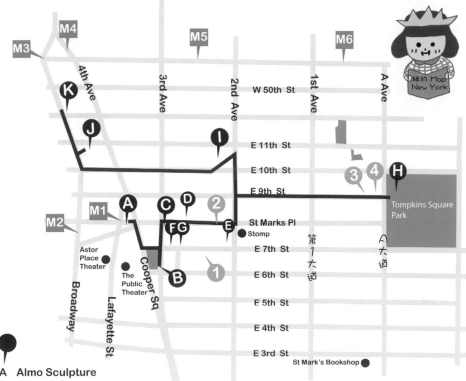

E 11th St
E 10th St
E 9th St
St Marks Pl
E 7th St
E 6th St
E 5th St
E 4th St
E 3rd St

W 50th St

4th Ave
3rd Ave
2nd Ave
1st Ave
A Ave

Broadway
Lafayette St
Cooper Sq

Astor Place Theater
The Public Theater

Tompkins Square Park

Stomp

第１大道

Ａ大道

St Mark's Bookshop

M3 M4 M5 M6

紐約 Map New York

29

A Almo Sculpture
B Cooper Square
C Ray's Pizza Bagel Cafe (St Marks Pl)
D St. Mark's Comics
E 薯條店 Pommes Frites
F Surma-The Ukrainian Shop
G Mc Sorley's Old Ale House
H Tompkins Square Park
I St Mark's Church in-the-Bowery
J Grace Church
K The Strand Bookstore

 地鐵站名

M1 Astor Pl(6)
M2 8 St-NYU(N/R)
M3 UnionSq-14 St(L)
M4 14 St-Union Sq(4/5/6)
M5 3 Av(L)
M6 1Av(L)

1 East Village Thai
2 Ramen Setagaya
3 Pink olive
4 The Upper Rust

 推薦路線

東村地標‧Alamo ▶
Cooper square ▶
散步 St. Mark's Place 和 2nd Ave ▶
小烏克蘭和小印度 ▶
Tompkins Square Park 與
字母城（Alphabet City）▶
Grace Church 與
St. Mark's Church in-the-Bowery ▶
愛書人的藏寶地‧The Strand Bookstore

　　而與 Alamo 數步之遙的 Cooper Square，則是東村幾條有名的街道的匯集點。這裡不但是久負盛名的 Cooper Union 學校所在，也是美國最古老的教育機構之一。如果對美國歷史有興趣，可以到該校著名的 The Great Hall 參觀，根據一些史學家研究，1860 年時林肯在此精采的演說，使他成功出名，其中他的名言「Right Makes Might」就是出自該次演講。

> Alamo
> 位在地鐵 6 號線 Astor Place 出口。

St. Mark's Place 與 2nd Ave

　　介於 3rd Ave 和 Ave A 間的 E 8th St，一般稱為 St. Mark's Place，又稱日本村。除了有許多道地的日本料理，氣氛另類的刺青店，還有許多充滿龐克嬉皮風的二手衣店。如果你是動漫迷，那麼絕對不要錯過 11 號 St. Mark's Comics，此處收藏豐富，相信不會讓你失望。

　　另外不可不提位在 St. Mark's Place 和 3rd Ave 交會的 Ray's Pizza & Bagel。這是我住東村時最愛的熟食店之一，除了選擇豐富，自家烘焙的 Bagel，是我覺得 NY 最好吃的 Bagel！尤其是加了 cream cheese，不過熱量也加倍！

　　另外，還可到 2nd Ave 走走逛逛，欣賞有趣的 STOMP 表演，或是逛街，或是品味有名的薯條 Pommes Frites（截稿前，因為 2015 年 3 月東村火災意外波及，所以店家宣布目前關閉，將在日後宣布開店時間）！

Ray's Pizza Bagel Cafe	Pommes Frites	St. Mark's Comics
地址：2 St. Marks Place	地址：123 2nd Ave	地址：11 St. Mark's Place
網址：rayspizzabagelcafe.com	網址：pommesfritesnyc.com	網址：www.stmarkscomics.com

小烏克蘭與小印度

　　和 St. Mark's Place 平行的 E 7th St，是我第一年居住的公寓所在，公寓不大，卻是棟充滿歷史韻味的舊公寓。

　　這條充滿烏克蘭風的街道，除了有聖喬治烏克蘭天主教堂，還有著歷史悠久的 McSorley's Old Ale House（林肯在 Cooper Union 演講後，就是到此喝酒解渴，紐約第四古老的酒吧），也有可愛烏克蘭風小店的 Sumar。如果有機會到東村走走，可別錯過這條有趣的街道。E 7th St 有小烏克蘭之稱，相鄰的 E 6th St 則有小印度之稱，相信喜歡印度料理的人會在這找到許多道地的印度餐廳。

　　如果想尋找更多二手店，建議可以到 E 9th St 一帶尋寶，有許多不同類型的二手店。

McSorley's Old Ale House	Sumar-The Ukrainian Shop
林肯拜訪過的酒吧。	將近百年的老店。
地址：15 E 7th St	地址：11 E 7th St
	網址：www.surmastore.com

字母城（Alphabet City）

　　因為這區的大道以 ABCD 命名，所以暱稱為字母城。18 世紀中這區移民者多來自德意志，所以有小德國之稱，後來德國移民者搬往上城後，新一波居民變成東歐人。字母城原先也是犯罪率較高的一區，經過多年整治後，治安逐漸變好。

　　不過仍是建議白天逛本區，可以順便欣賞許多具有特色的老建築，周末時還有許多社區花園開放參觀。愛書人則不妨到《村聲》雜誌票選 2014 年最佳新書書店的 St. Mark's Bookshop，來場閱讀盛宴。此外，字母城還有許多可愛的小店及家具店。

　　而 Tompkins Square Park，昔日曾經是發動抗爭的場所，近年來，已經轉型為當地人休閒消遣的地方，每周日上午 8 點到下午 6 點，還有農夫市集及免費的音樂會！

31

🔲 St. Mark's Bookshop
📍 地址：136 E 3rd St
🔵 網址：www.stmarksbookshop.com

Tompkins Square Park 裡的紀念碑由來？

1904 年，當時移民紐約的德國某教會為了慶祝第 17 屆夏日出遊，租了艘蒸氣船。結果船發生意外，因為當時船上缺乏足夠的救援設備，造成了 1,300 人中，只有 321 人生還的悲劇。之後就在公園內設了此碑，以紀念當時的罹難者。

轉轉紐約

Grace Church 與 St. Mark's Church in-the-Bowery

　　東村因為過去曾聚集不同民族的移民，所以在此能看到各民族風格的教堂，像是位在 E 7th St 的烏克蘭天主教堂。其中位在 E 10th St 的 St. Mark's Church，據說是東村最古老的教堂，也是紐約市第二古老教堂喔！因為平時都關閉，如果有機會，可以詢問工作人員是否能入內參觀美麗的玫瑰花窗。

　　相距不遠的 Grace Church，也是位在 E 10th St（和 Broadway 交會），這座教堂被稱為紐約的寶藏之一，來頭不小，因為其設計者 James Renwick, Jr. 可是設計了位在第 5 大道著名的聖派翠克教堂。

Grace Church

St. Mark's Church in-the-Bowery

🔲 St. Mark's Church In-The-Bowery
📍 地址：131 E 10th St

Grace Church
地址：802 Broadway

The Strand Bookstore

我愛二手書店，不僅響應環保，還可以找到許多已經絕版的書籍。記得在 NYU 時，常常流連這些書店，有時買書不是目的，純粹是體驗那種連鎖書店缺乏的某種韻味。

其中 Strand 總店更是二手書的龍頭，除了舊書及一些稀有書籍，也賣新書，價格相對便宜些。

The Strand Bookstore
地址：828 Broadway
網址：www.strandbooks.com

好買好吃好逛 in 東村

East Village Thai
居住紐約時，公寓樓下餐廳，超級好吃的泰國菜，推薦 Pad Kra Prow with chicken。
地址：32 E 7th St

Ramen Setagaya
道地的日本拉麵店。
地址：34 1/2 St. Mark's Place
網址：www.ramensetagayany.com

Pink olive
可愛的文具禮品店。
地址：439 E 9th St
網址：pinkolive.com

The Upper Rust
復古風的家具用品店。
地址：445 E 9th St

Pad Kra Prow with chicken

歐風西村與格林威治村

格林威治村，又稱為西村（West Village），或直接叫「村子」（The Village）。不過有些說法則將西村與格林威治村分開討論，界定西村範圍是從 6 或 7 大道至哈德遜河，本篇將兩區併在一起分享。不同於東村的嬉皮異國氣質，西村帶點不食人間煙火的歐洲貴族風，許多當時有名的詩人作家（如愛倫坡等），都喜歡在此流連，被稱為紐約最有文化、最浪漫的一區。過去有小波希米亞之稱的它，也是紐約少數

C2 W 10th St

第5大道

W 9th St

University Pl

E 9th St

W 8th St

Macdougal St

5th Ave

Washington Mews

E 8th St

Greene St

Mercer St

M2

B

A 華盛頓廣場拱門
　(Washington Sq Arch)
B Washington Mews
C1 愛倫坡舊居
C2 馬克吐溫舊居
D 《小婦人》作者舊居
E Caffe Reggio
F Cafe Wha?
G Blue Note

地鐵站名

Waverly Pl

Washington Sq N

Waverly Pl

M1

Washington Pl

Washington Sq W

Washington
Square Park

Washington Sq E

Washington Pl

第6大道

6th Ave

W 4th St

Washington Sq S

W 4th St

G

E
D

C1

False Library

NYU
Stern School
Of Business

M1 W 4 St(A/B/C/D/E/F/M)
M2 8 St-NYU(N/R)

F

W 3rd St

Sullivan St

Thompson St

LaGuardia Pl

1 NutBox
2 Broadway Panhandler
3 The MarketNYC

3

Bleecker St

1

2

轉轉紐約

推薦路線 1

Washington Square Park 周邊

華盛頓廣場公園（Washington Square Park）▶
華盛頓廣場拱門（Washington Square Arch）▶ Washington Mews ▶
尋訪名人舊居 ▶ 散步 MacDougal St ▶ 爵士樂欣賞，Blue Note

　　沒有被高樓占據的區，算是保存相當完整的歷史街區。喜歡各式建築的人，在此可以欣
賞不同風格的建築，像是喬治亞式、維多利亞式、聯邦式或希臘復興風格等。

　　如果說紐約是民族大熔爐，那麼格林威治村村民們絕對繼承其融合的風格，有名人、
上流社會的人，也有藝術家，當然更少不了平民大眾和 NYU 的學生了。

　　除了村民多元化，這裡的街道也跟大蘋果的那些數字化街道有所不同。當初市政府

決定將道路規劃成網格狀,並重新以數字命名,卻遭到村民們的抗議,最後只好同意保留區內原來的規劃及命名,因此可以發現這裡的道路分布非常不紐約風。

　　逛格林威治村最棒的方式就是散步,特別是喜歡悠閒氣氛的朋友,西村會是個不錯的選擇。一般建議從該區地標華盛頓廣場拱門出發。

華盛頓廣場公園(Washington Square Park)
與廣場拱門(Washington Square Arch)

　　看到飄揚著紫色的 NYU 旗幟,就知道接近華盛頓廣場公園了。公園過去與現在的氣氛截然不同,過去它曾是墓園和刑場,也是毒品交易的地方,經過整頓才成為如今眾所熟悉的華盛頓廣場。

　　念書時,因為 NYU 就在廣場旁邊,所以上課前最愛到公園休息,看看可愛的松鼠,或是跟著主人來玩耍的狗狗們。紐約人也許不那麼友善,但是他們對於動物卻相當友好,幾乎紐約市內的公園都有附設小狗遊玩的區域,這跟臺灣有些公園不准帶狗進入的規定差別很大。

　　而公園內的主角,當屬模仿巴黎凱旋門的拱門,也是知名第 5 大道的起點。在這裡,經常可以碰到有人拍攝廣告或電影喔!喜歡建築和尋找電影場景,可以到 Washington Mews 或 Washington Square North,像是 Washington Square North 11 號的房子,就是威爾史密斯在電影《我是傳奇》(I am Legend)裡的家。而 Washington Mews 則多是 NYU 教授居住,屬於私人區域。目前這些建築物大多是 NYU 名下的資產,可見我的母校多麼有錢啊!

華盛頓廣場的地標，拱門!!

OMG!廁所旁也可以野餐休息!!

TOILET

推理之父愛倫坡

馬克吐溫

Map of celebrity house

《小婦人》作者

尋訪名人舊居

公園附近有許多知名美國作家的舊居，像是《湯姆歷險記》作者馬克吐溫（Mark Twain），就曾住在 W 10th St 的 14 號，推理小說之父愛倫坡則在 W 3rd St 的 85 號居住過！

MacDougal St

位在公園西南面，幾條連接到 SoHo 的街，都是不錯的消磨下午時光選擇。像是曾為村子文化發展心臟區域的 MacDougal St 一帶，就聚集了許多餐廳與咖啡館。如果熱愛搖滾樂，可別錯過咖啡店 Cafe Wha?，因為這裡是有名的搖滾吉他之神 Jimi Hendrix 闖蕩紐約的起點。隔壁的綠色 Caffe Reggio，電影《教父 II》（Godfather II）部分場景在此取景拍攝。喜歡《小婦人》（Little Women）一書的你，別忘了到對面的 130 ~ 132 號紅磚白窗風格的房子，這裡曾是《小婦人》作者 Louisa May Alcott 的住所，《小婦人》大部分都在此完成。

Cafe Wha ?	Caffe Reggio	《小婦人》作者舊居
地址：115 MacDougal St	地址：119 MacDougal St	地址：130-132 MacDougal St
網址：cafewha.com/index.cfm	網址：www.caffereggio.com	

SINCE 1927

ORIGINAL CAPPUCCINO

CAFE REGGIO

西村有名的咖啡店!也是電影熱門景點!

NYU 宿舍附近的畢卡索作品

Blue Note

JAZZ

CAPITAL OF

BLUE NOTE

Blue Note

喜歡爵士樂的朋友，這裡的現場演奏，應該可以讓你大飽耳福喔！可先上官網查詢喜歡的歌手或表演，直接網上訂票。

Blue Note
地址：131 W 3rd St
網址：www.bluenote.net/
newyork/index.shtml

我的母校，關於紐約大學 NYU

紐約小學堂

於 1831 年成立，為全美規模最大的私立大學，全美第二古老的學校。知名導演李安就是畢業於紐約大學電影製作研究所。紐約大學的校徽中包括了一把火炬，源於自由女神像手中的火炬，代表學校位於紐約市的地理位置。校徽中的人物與花環，以及紫色的校色據說是象徵著雅典，古代希臘學習知識的中心。校徽中還有拉丁文寫的校訓：堅持不懈，超越群倫。

Nutbox

多家連鎖店，主要販售堅果類食品。

網址：www.thenutbox.com

Broadway Panhandler

可愛的廚具用品店。

地址：65 E 8th St

網址：www.broadwaypanhandler.com

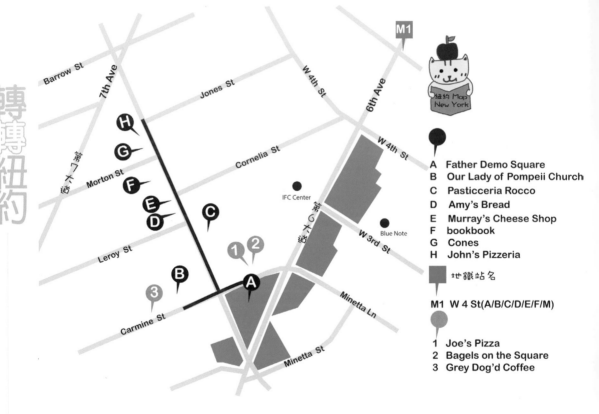

A Father Demo Square
B Our Lady of Pompeii Church
C Pasticceria Rocco
D Amy's Bread
E Murray's Cheese Shop
F bookbook
G Cones
H John's Pizzeria

地鐵站名

M1 W 4 St(A/B/C/D/E/F/M)

1 Joe's Pizza
2 Bagels on the Square
3 Grey Dog'd Coffee

推薦路線 2

Father Demo Square 周邊

Father Demo Square ▶ Old Lady of Pompeil Church ▶
Bleecker St 義大利美食行

Father Demo Square

雖然紐約有個小義大利，但是過去幾年，小義大利真的越來越小，只剩一些零星的餐廳及販售紀念品的商鋪。反而圍繞在 Father Demo Square 這帶的街道，特別是在第 6、7 大道間的 Bleecker St，聚集許多義大利餐廳、糕點店，可以感受另一種義大利風情。

Our Lady of Pompeii Church

位在 Father Demo Squar 對面，這座羅馬天主教教堂由 Father Demo 請人設計，充滿義大利文藝復興風格的建築造型，相當引人注目。教堂內有許多繪畫與雕塑是由義大利教友捐贈。而前面所提到的廣場，就是為了紀念這位偉人的 Father Demo 而命名。

Our Lady of Pompeii Church
地址：25 Carmine St

Bleecker St

　　1940 年代時期，Bleecker St 有許多專門販售義大利商品的小攤販，漸漸地，這些攤販也在區內生根開店至今，想要尋找義大利食品老店，這裡有許多選擇，像是許多名人熱愛的 John's Pizzeria、美味冰淇淋店 Cones、有名的 Murray's Cheese Shop 及 Amy's Bread，還有義大利甜點店 Pasticceria Rocco，不過根據個人經驗，義大利式糕點非常甜，所以如果不確定是否喜歡，最好先試幾口，再決定是否多點其他五顏六色的點心。

　　如果不想在店裡用餐，可以到 Father Demo Square 享受簡單愜意的城市野餐。除了義大利美食，這裡還有家非常棒的獨立書店 bookbook，很適合來場閱讀之旅。

John's Pizzeria	Cones
地址：278 Bleecker St	地址：272 Bleecker St
Murray's Cheese Shop	**Amy's Bread**
地址：254 Bleecker St	地址：250 Bleecker St
網址：www.murrayscheese.com	網址：www.amysbread.com
Pasticceria Rocco	**bookbook**
地址：243 Bleecker St	地址：266 Bleecker St
	網址：bookbooknyc.com

好耶!/好唷!

好買好吃好逛 in 西村 (2)

Grey Dog's Coffee
地址：33 Carmine St
網址：thegreydog.com

Bagels on the Square
地址：7 Carmine St

Joe's Pizza
地址：7 Carmine St
網址：www.joespizzanyc.com

推薦
路線
3

Christopher Park 一帶

城堡般的圖書館·傑佛遜市場法院（Jefferson Market Courthouse）▶
散步 Christopher St ▶ 克里士多夫公園（Christopher Park）和石牆酒吧
（Stonewall Inn）▶ 遇見《六人行》公寓 ▶ 童話般的私人小區·Grove
Court ▶ Bedford St 上的兩棟房子·最窄與最老

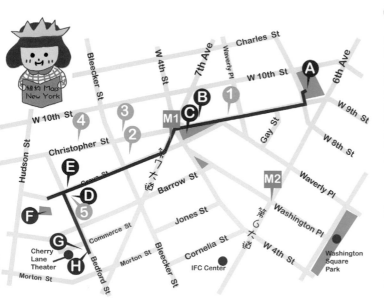

A Jefferson Market Courthouse
B 石牆酒吧(Stonewall Inn)
C Christopher Park
D 《六人行》影集中的公寓
E 全木造建築
F Grove Court
G Isaacs-Hendricks House
H 紐約最狹窄房子

地鐵站名

M1 Christopher St-Sheridan Sq(1)
M2 W 4 St(A/B/C/D/E/F/M)

1 greenwich letterpress
2 RebelRebel Record
3 sockerbit
4 McNulty's
5 The Little Owl(地中海料理)

傑佛遜市場法院（Jefferson Market Courthouse）

位在第 6 大道上，外型如同一棟城堡，就是曾經入選全美最美建築前五名的傑佛遜市場法院，屬於 New York Public Library 系統，現為紐約圖書館，在如此棒的地方閱讀真是不同的享受。另外這裡的花園是影集《慾望城市》裡 Miranda 和男友結婚的地方喔！

> **Jefferson Market Courthouse**
> 地址：425 Ave of the Americas
> 網址：www.nypl.org/locations/jefferson-market

Christopher St

Christopher St 上除了能欣賞聯邦式風格（Federal style）建築，也相當適合悠閒逛街，可以到百年老店 McNulty's 品茶、喝咖啡，或是到可愛的糖果店 Sockerbit 採購一番。像我一樣是文具迷的人，這間販售各種可愛信紙與文具的 Greenwich Letterpress，可別錯過。

和 Christopher St 垂直的同志街，是條清幽、令人覺得舒服的小街。

> **McNulty's**
> 地址：109 Christopher St
> 網址：mcnultys.com
>
> **Greenwich Letterpress**
> 地址：39 Christopher St
> 網址：greenwichletterpress.com
>
> **Sockerbit**
> 地址：89 Christopher St
> 網址：sockerbit.com

> Stonewall Inn
> 地址：53 Christopher St

克里士多夫公園（Christopher Park）與石牆酒吧（Stonewall Inn）

　　1960 年代的紐約，對於同性戀並不如今日開放。那時許多同性戀都聚集在格林威治村 Christopher St 一帶。直到後來爆發有名的石牆（Stonewall）事件，引起了一連串的同志抗議運動，爭取權益。之後知名藝術家席格爾（George Segal）為紀念此事，鑄造的四座真人大小的白色雕像（兩對男男與女女），放置在克里士多夫公園（前身 Sheridan Square），代表著同志自由。

　　而那家小酒吧也因 1969 年石牆事件而聞名世界，更被認為是美國同性戀解放運動與抗爭的起點。目前已被列為格林威治村的歷史保護區與國家歷史名勝。

紐約小學堂

關於 Stonewall Inn Riot

1969 年 6 月 28 日凌晨，紐約警方以非法賣酒之名，搜索石牆酒吧（當時是許多同性戀者的聚集場所），逮捕了許多人，後來引起民眾抗議，展開雙方的衝突行動。事件後，同志自由前線成立，並在隨後的 7 月 27 日發動遊行。1970 年紐約舉行石牆事件周年紀念的同志遊行，並定 6 月 27、28 日為同志榮耀日。雖然事件的主角之一石牆酒吧早已關閉了，不過石牆事件成為同性戀爭取權益的代表。

《六人行》公寓

　　影集《六人行》（Friends）迷們，還記得片頭常常出現的 Monica 公寓嗎？該公寓就是位於 Bedford St 和 Grove St 交會的建築物。之前到這裡時，恰巧碰上紐約場景 tour，好

多觀光客對著建築物拍照,我想 1 樓 The Little Owl 餐廳內的紐約客,一定覺得見怪不怪了吧!而公寓對面的建築(位於 17 Grove St),則是曼哈頓裡少數僅存的全木造建築。

Grove Court

和前面介紹的 Washington Mews 一樣,也是個私人小區的 Grove Court,充滿宮崎駿畫下的童話風建築,相當可愛。

> Grove Court
> 地址:13 Grove St

Bedford St 上的兩棟房子

Bedford St 上有兩棟非常特別的房子,一是紐約市最狹窄的房子就在 75 又 1/2 號,也是詩人 Edna St. VincentMillay 的故居,而且於 2013 年以 325 萬美元被收購。另一是格林威治村裡最老的房子,建於 1799 年,77 號的 Isaacs-Hendricks House。

好買好吃好逛
in 西村(3)

the little owl

地中海料理。

地址：90 Bedford St

網址：www.thelittleowlnyc.com

RebelRebel Record

二手唱片行。

地址：319 Bleecker St

The MarketNYC

有點類似 Art&Fleas。

地址：159 Bleecker St

網址：www.themarketnyc.com/themarketnyc/
THE_MARKET_NYC.html

推薦
路線
4

Abingdon Square 一帶

Abingdon Square ▶ 漫步 Bank St ▶ 哈德遜河公園（Hudson River Park
〔Pier 45〕）▶ 白馬客棧（White Horse Tavern）▶ Marc Jacob 迷的
朝聖地，BookMarc ▶《慾望城市》凱莉最愛的杯子蛋糕，Magnolia
Bakery ▶《慾望城市》凱莉的家，66 Perry St ▶ 爵士樂欣賞，Village
Vanguard

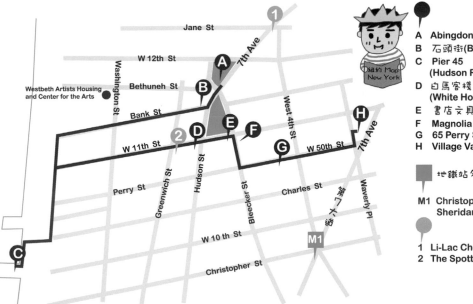

A Abingdon Square
B 石頭街(Bank St)
C Pier 45
   (Hudson River Park)
D 白馬客棧
   (White Horse Tavern)
E 書店文具Book Marc
F Magnolia Bakery
G 65 Perry St
H Village Vanguard

地鐵站名

M1 Christopher St-
   Sheridan Sq(1)

1 Li-Lac Chocolate Shop
2 The Spotted Pig

Abingdon Square

　　距離華盛頓廣場公園有段距離的 Abingdon Square，和西村其他廣場區域不同，這裡一直都是富裕的地區，是西村高級住宅地段，環境優美且生活機能便利，也吸引了許多好萊塢明星。

Bank St

　　鄰近廣場的 Bank St，其中介於 Hudson St 和 Washington St 路段，仍保留以前的石頭路，是很適合悠閒漫步的街道。披頭四樂團主唱約翰藍儂在與老婆搬到上城前，就住在 105 Bank St，距離白馬客棧相當近。

哈德遜河公園（Hudson River Park）：（請見 P99）

Christopher Street (Pier 45)

　　離開 Bank St，漫步至哈德遜河公園，欣賞美麗的日落或享受日光浴，這裡會是個絕佳的選擇。其中 Pier59，就是當年鐵達尼號原本預計要停泊的碼頭。

白馬客棧（White Horse Tavern）

　　雖然西村餐廳、咖啡館眾多，不過若論知名度，自然非白馬客棧莫屬。外觀黑白相間的建築，在 19 世紀可是許多文人騷客的愛店，像是有名的詩人劇作家托馬斯（Dylan Thomas）因為在此喝酒過量，結果送醫不治，享年不到 40 歲。

　　白馬客棧本身的餐點普通，許多人來此，多半是想感受點過往文人藝術的氛圍吧！

> White Horse Tavern
> 地址：567 Hudson St

BookMarc

　　除了美食，Bleecker St 上也有許多創意小店，如由名設計師 Marc Jacobs 所創立的 BookMarc，店內空間不大，就位

> BookMarc
> 地址：400 Bleecker St

在凱莉最愛的杯子蛋糕店對面，主要販售商品為書籍、文具用品等。

《慾望城市》凱莉的家與 Magnolia Bakery

　　66 Perry St 是《慾望城市》的粉絲紐約朝聖之處，這裡正是劇中主角凱莉的家，事實上飾演凱莉的主角家也真的就在這附近。Perry St 假日經常有些跳蚤市場，有機會可以體驗一下豪宅區的市集是什麼樣的風格。

　　而凱莉最愛的杯子蛋糕就在 Bleecker St 和 W 11th St 的 Magnolia，小小的店沒有什麼位子，這些看似美味的杯子蛋糕其實很甜，建議先衡量自己的體重再決定吃幾個。如果走累了，可到 Magnolia 對面的 Bleecker St Park，這個公園可是擁有西村中央公園的暱稱。

> **Magnolia**
> 地址：401 Bleecker St
> 網址：www.magnoliabakery.com

> **Village Vanguard**
> 地址：178 7th Ave

Village Vanguard

　　除了 Blue Note，西村另一著名爵士樂餐廳。

好買好吃好逛 in 西村（4）

Li-Lac Chocolate Shop
曼哈頓最古老的巧克力店，秉持老式風格。
地址：40 8th Ave
網址：www.li-lacchocolates.com

The Spotted Pig
美式料理。
地址：314 W 11th St
網址：thespottedpig.com

SoHo 與 NoHo 之建築趣

以 Hudson St 為界的 SoHo 與 NoHo，
一直是紐約潮流的中心。然而近幾年來，因
SoHo 的租金節節升高，反而吸引更多設計
師轉往鄰近的 NoHo 區。除了潮流時尚，其
實這兩區還有個共同特色，就是同樣保留許
多精緻的歷史建築。

SoHo 的全名？
SoHo 是 South of Houston
的縮寫，NoHo 則是 North
of Houston 的縮寫。

紐約小學堂

SoHo

人們對於 SoHo 的印象，不外乎聯想到藝術、時尚、林立的品牌店與昂貴的米其林
餐廳。其實除了這些華麗的外表，身為藝術家集散地的 SoHo，更擁有全世界最多的鑄鐵
建築。

早期的 SoHo，只是個名不見經傳的工廠集中區及處處是鵝卵石街道的小區。直到
1960 年代，由於租金低及寬大的 loft，吸引了藝術創作者在此成立住家兼工作室，才漸
漸成為曼哈頓最時尚、最雅痞的文化藝術中心所在。不過 SoHo 這幾年漸漸變成有錢人的
居住地區，過往那些藝術家已經移往雀爾喜（Chelsea）或曼哈頓之外的區域。如今在此
散步，很難想像她過去的歷史，只能透過那些久經風霜的鑄鐵大樓，欣賞屬於 SoHo 的另
一面！

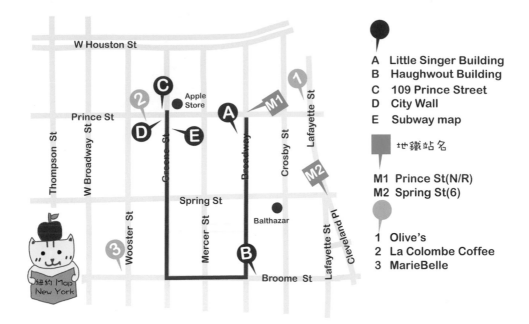

A Little Singer Building
B Haughwout Building
C 109 Prince Street
D City Wall
E Subway map

地鐵站名

M1 Prince St(N/R)
M2 Spring St(6)

1 Olive's
2 La Colombe Coffee
3 MarieBelle

SoHo 五大地標

推薦
路線
1

如果那些美輪美奐的建築物，令人眼花撩亂，或是沒有時間可以好好徹頭徹尾地走一回。那麼不如選擇 SoHo 五大地標，來個簡單遊。

Little Singer Building ▶ Haughwout Building ▶
109 Prince St ▶ 有名的塗鴉牆 City Walls ▶ 踩在地上的地鐵圖

SoHo Landmark 1！

地標一，L 型的 Little Singer Building

這棟 12 層樓的紅磚建築，曾是著名裁縫機公司的辦公室及倉庫所在。

Little Singer Building
地址：561 Broadway

地標二，Haughwout Building

位在 Broome St 和 Broadway 的東北角，是曼哈頓現存最古老的鑄鐵建築物，也是世界上第一棟設置蒸氣驅動乘客電梯的大樓。

> Haughwout Building
> 地址：488 Broadway

地標三，109 Prince St 的建築物

這棟設計簡單樸實的建築，出自於當時一位非常年輕的設計師 Jarvis Morgan Slade。可惜的是，他尚未看到出色的作品完工即英年早逝。

地標四，City Walls

這棟 6 層樓高的建築，應該是在這幾個地標中，與藝術的關係最密不可分的。像是設計華盛頓的越戰紀念碑的華人雕刻家林瓔（Maya Lin），就曾住在這裡。而在 1970 年初，著名的藝術家 Richard Haas，和他的朋友把該棟建築東面的牆當作畫布，畫出了讓人視覺錯亂的大樓正面景象，真正將建築物本身與藝術結合一起。

> City Walls
> 地址：112 Prince St

地標五，110 Greene St
（介於 Spring St 和 Prince St）

　　想知道全紐約最奇怪的地鐵圖嗎？就在 The SoHo Building 前的行人道上，1986 年由比利時藝術家 Francoise Schein 所設計，稱為漂浮在人行道上的地鐵圖。

SoHo 建築之旅

博物館變身的 PRADA ▶ 品味 Broadway 上的名建築，Little Singer Building 和 Haughwout Building ▶ Broome St Building ▶ 漫步 Greene St ▶ Sullivan St 與南村（South Village）▶ CKV Historic District

A　PRADA
B　Little Singer Building
C　Haughwout Building
D　Broome St Building
E　Queen of Greene Stree
F　King of Greene Stree
G　Cast-Iron Historic District:
　　Apple Store
H　116 Sullivan St
I　CKV Historic District

地鐵站名

M1　Prince St(N/R)
M2　Spring St(C/E)
M3　Broadway-Lafayette St(B/D/F/M)
M4　Spring St(6)

1　Olive's
2　La Colombe Coffee
3　MarieBelle
4　Balthazar

PRADA

位在 Broadway 和 Prince St 的 PRADA，前身是古根漢美術館的下城分館。2001 年時，PRADA 請荷蘭設計師 Rem Koolhaas 設計位於 SoHo 的旗艦店，設計師很有巧思地保留了原來博物館空間的規劃，所以走進這裡，不像逛街，反而有種置身在劇場的錯覺，相當有趣。

PRADA
地址：575 Broadway

Little Singer Building 與 Haughwout Building
（P49~50）

Broome St Building

前身是 The Silk Exchange Building，造型特殊，主要作為私人住宅，小甜甜布蘭妮還曾購買頂樓，不過在 2006 年已經賣掉。

Broome St Building
地址：451 Broome St

Greene St

若是鑄鐵建築的超級粉絲，或許可以花上一天的時間慢慢走訪 Greene St 一帶的鑄鐵歷史區，細細品味每棟建築的美。像是 Isaac Duckworth 設計的 Queen of Greene St 和 King of Greene St，都是相當棒的建築作品。

非常歐風的石頭路！在 Greene St！

想看鑄鐵建築!?

那麼來 SoHo Greene St 或是鑄鐵歷史區就沒錯啦！

Sullivan St 與南村（South Village）

很多人知道紐約有東村、西村，卻很少人知道有個位於格林威治村和 SoHo 交會區域的南村，南村具有豐富歷史價值，範圍大概包含了北至 W 4th St 和華盛頓廣場，南至 W Houston St，西至第 6 大道，東至 La Guardia Pl。這裡曾是紐約新思想與藝術運動的中心之一，居民主要來自義大利的移民，和 SoHo 的鑄鐵建築風格不同，南村建築主要是老舊的聯邦式與希臘復興風的排屋。值得高興的是，2013 年紐約市地標管理局（The Landmarks Commission）正式將南村列為歷史保護區，定為南村歷史區（South Village Historic District）。

其中 Sullivan St 有我以前念書時最愛的麵包店 Sullivan Street Bakery，因為股東分家，現在改名為 Grandisy Bakery，搬家到翠貝卡（Tribeca）及上西區，但麵包還是一樣美味。此外 Sullivan St 上還有許多具歷史特色的建築，像是 St Anthony of Padua Church 和 SoHo 最古老的房子之一，就位在 116 Sullivan St。

CKV Historic District

除了鑄鐵建築，SoHo 區內的 Chalton-King-Vandam Historic District，還擁有聯邦式風格聯排別墅建築最集中的區域。建議從第 6 大道直走至 Charlton St，就會看見一整排美麗的聯邦式風格的紅磚建築。少了鑄鐵建築的精雕細琢，聯邦式風格顯得簡單俐落。

Cast iron Building & Federal Style Building

這裡列出 SoHo 區中，眾多特色建築物裡最常見的兩種建築之特徵！

Cast iron 精緻的雕花

Cast iron 拱型窗

Cast iron 防火梯

Federal Style 高起的大門門窗

鑄鐵建築

所謂鑄鐵建築，是指以鑄鐵作為建築材料的歷史建築（鑄鐵曾經是美國於 19 世紀後半段時期非常普遍的建材），也是大蘋果的建築特色之一喔！

SoHo 好好買好好逛

推薦路線 ③

除了欣賞鑄鐵建築，我也喜歡在 SoHo 閒逛，每次選擇不同的街散步，都會有不同的樂趣。那些街頭藝術家的攤位及創作，比起名牌大店，往往更能吸引我的目光。可別小看這些人，也許有一天他們會成為著名的藝術家。

建議可以從 Broadway 和 Prince St 的 Dean & Deluca 出發。如果是大品牌愛好者，那麼 Broadway 上的各名牌大店應該不會令人失望。如果是愛逛小店的同好者，SoHo 同樣不會令人失望。以 Broadway 為主，與其交會的幾條街，像是 Spring St、Prince St 或 Mercer St 都是找尋私藏店的好去處。

轉轉紐約

DEAN & DELUCA 好逛但東西很貴

逛街可以從 Broadway 跟 Prince St 出發喔！

allow me!

好買好吃好逛 in SoHo

Olive's

堅持為顧客提供新鮮美味的食物。這家咖啡店是以前我跟室友的最愛之一。
地址：120 Prince St
網址：www.olivesnyc.com/index.php

La Colombe Coffee

費城有名的咖啡店。
地址：270 Lafayette St（SoHo 分店）
網址：lacolombe.com

MarieBelle New York

高檔的巧克力店，內有餐廳，服務生非常熱情。
地址：484 Broome St
網址：mariebelle.com

BALTHAZAR

招牌是法國長棍麵包（Baguette）。
地址：80 Spring St
網址：www.balthazarny.com

one baguette

NoHo

　　鄰近東村，少了點 SoHo 的喧囂，NoHo 更適合安安靜靜地來趟建築巡禮。與 SoHo 一樣，NoHo 也是許多有名的鑄鐵建築所在的地區。過去作為零售批發乾貨區的 NoHo，曾經相當繁榮，如今在此仍保留了許多當時建築，那些代表著紐約 19 世紀時期風格的商業建築，充滿大理石、石灰岩、紅磚的街景，還完整地保留在 NoHo。

推薦路線

Colonnade Row ▶ The Public Theater ▶ The DeVinne Press Building 與曼哈頓最凶鬼屋，Merchant's House Museum ▶
The Schermerhorn Building ▶ The Bayard-Condict Building ▶
The Cable Building

A　Colonnade Row
B　The Public Theater
C　The DeVinne Press Building
D　Merchant's House Museum
E　The Schermerhorn Building
F　The Bayard-Condict Building
G　The Cable Building

地鐵站名

M1　Astor Pl(6)
M2　8 St-NYU(N/R)
M3　Bleecker St(6)
M4　Broadway-Lafayette St (B/D/F/M)
M5　Prince St(N/R)

1　Housing Works Bookstore

Colonnade Row

　　這四棟相連的希臘復興風格建築，也被稱為 LaGrange Terrace，是 NoHo 的地標。最早的時候一共有九棟建築，如今只剩下四棟。著名的 Blue man 劇場就在此處。

> Colonnade Row
> 地址：428-434
> 　　　　Lafayette St

The Public Theater

　　前身是 Astor Library 的它，經 Joseph Papp 重新改造，成為新的劇院。每年夏天，在中央公園舉辦的免費莎士比亞劇表演，即出自 The Public Theater 之手。

> The Public Theater
> 地址：425 Lafayette
> 　　　　St

The DeVinne Press Building 與 Merchant's House Museum

　　19 世紀時，報業大亨 Thomas DeVinne 出資建造了這棟作為報業公司大樓的磚造建築。許多當時相當受歡迎的書籍雜誌，像是 Scribner's Monthly 等，都在這裡印刷發行。建築本身的細節雕工相當精緻，記得抬頭好好欣賞一番。

　　如果不怕鬼的人，可以到鄰近的 Merchant's House Museum 探險一番，據說是曼哈頓鬧鬼最凶的房子，不妨可測試一下膽量，至於我，只敢在門口拍照留念。

The DeVinne Press Building
地址：393-399 Lafayette St

Merchant's House Museum
地址：29 E 4th St
網址：www.merchantshouse.com

The Schermerhorn Building

由 19 世紀建築界頗負盛名的建築師 Henry Hardenburgh 所設計，他也設計了有名的 Plaza Hotel 和 Dakota Apartment。

The Schermerhorn Building
地址：376 Lafayette St

The Bayard-Condict Building

摩天大樓之父 Louis Sullivan 在紐約唯一的作品，完成時，曾被認為是相當激進的設計，是當時紐約最早使用鋼骨結構的建築之一。分別在 1975 與 1976 年，成為紐約地標與國家歷史地標。

The Bayard-Condict Building
地址：65 Bleecker St

The Cable Building

這棟讓人有種剛柔並濟感覺的大樓，是 1893 年 Stanford White 為 Metropolitan Traction Company 所設計，也是紐約獨特的多功能結構大樓。上層主要是辦公室，而離地面 40 英尺的地下室則放置了巨大的纜車動力裝置，主要用來驅動百老匯大道上往返 Bowling Green 和 36 街之間的纜車。不過在 1901 年百老匯這條路線轉換成電力供電後，大樓就完全轉為辦公室用途了。大樓名稱中的 cable 與纜車（cable car）有關。大樓的入口處還有兩座女神雕像點綴著，相當氣派。

The Cable Building
地址：611-621 Broadway

好買好吃好逛 in NoHo

Housing Works Bookstore cafe
地址：126 Crosby St
網址：housingworksbookstore.tumblr.com

Gimme Coffee
地址：228 Mott St
網址：www.gimmecoffee.com

名人匯集的翠貝卡

　　翠貝卡（Tribeca），意思是 Triangle Below Canal Street，發音為 try-BECK-a。與熱鬧的下城各區相比，這裡靜謐許多。行走於分布各街的舊式石頭道路，穿梭在紅磚瓦牆的老房子中，不禁讓人有種穿越時空回到過去的感覺。

　　或許是環境優、餐廳佳，有許多名人在此都擁有房產，例如 Robert De Niro，他也先後協助創建了 Tribeca Film Center 與 Tribeca Film Festival。由於翠貝卡腹地小，建議逛該區時，可以一併漫遊 SoHo、金融區或中國城。

推薦路線

James Bogardus Triangle ▶ 華盛頓市場公園（Washington Market Park）▶ 紐約第二古老公園‧Duane Park ▶ Harrison St Row ▶ 翠貝卡表演藝術中心（Tribeca Performing Art Center）▶ 哈德遜河公園（Hudson River Park）▶ 電影《魔鬼剋星》的 Hook and Ladder Company#8 ▶ 馬廄改建的 American Express Stable

James Bogardus Triangle

　　由紐約鑄鐵建築的先驅 James Bogardus 負責設計。1848 年他在 Broadway 183 號建

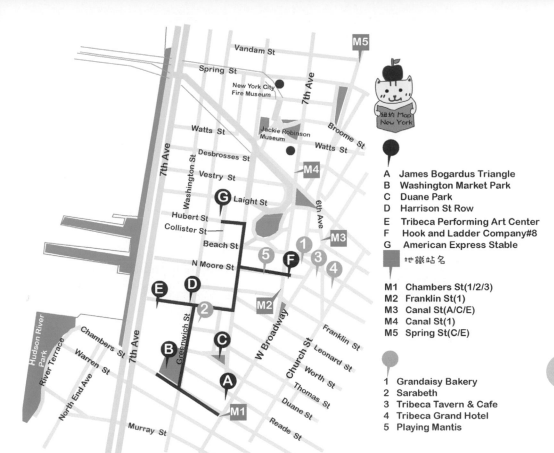

A James Bogardus Triangle
B Washington Market Park
C Duane Park
D Harrison St Row
E Tribeca Performing Art Center
F Hook and Ladder Company#8
G American Express Stable

地鐵站名

M1 Chambers St(1/2/3)
M2 Franklin St(1)
M3 Canal St(A/C/E)
M4 Canal St(1)
M5 Spring St(C/E)

1 Grandaisy Bakery
2 Sarabeth
3 Tribeca Tavern & Cafe
4 Tribeca Grand Hotel
5 Playing Mantis

造了歷史上第一棟鑄鐵建築，可惜該建築後來已拆除。1850 年，他還為自己的鑄鐵建造方式申請了專利。James 的其他作品還包括 85 Leonard St 和 75 Murray St。

Duane Park

在 Grandaisy Bakery 附近的小公園，腹地雖小，年紀卻不小！歲數僅次於紐約最古老的公園 Bowling Green。有名的 Sarabeth 餐廳分店，就在公園附近。

> Duane Park
> 地址：Duane St 和 Hudson St

華盛頓市場公園（Washington Market Park）

Washington Market 的舊址，而其前身是叫做 Bear Market，建於 1812 年。20 世紀初期，Washington Market 曾是紐約客最大的食物批發市場。歲月變遷，昔日的市場已蛻變成一個景色宜人

在Harrison st Row旁的餐廳，還有提供給狗狗的水喔!

紐約人愛狗，許多餐廳也都對動物很友善! 值得臺灣學習!

	Washington Market Park
	地址：Chamber St

的公園。公園不時會舉行一些活動，如 movie night 會選播不同的經典電影，愛好電影的朋友不妨前往觀賞。

典型的Federal Style房子!

Harrison St Row 與翠貝卡表演藝術中心（Tribeca Performing Art Center, TriPac）

　　靠近 Pier 23 的一列聯邦式風格紅磚房，就是 Harrison St Row，建於 1828 年。原先座落在 Washington St，1975 年才搬遷到此地。再往河岸方向前進，則會經過 TriPac 與 Hudson River Park。Harrison St Row 附近有家可愛又愛狗的咖啡店 Josephine Cafe，頗為歐風的戶外座椅，可以選個好天氣，到此享受翠貝卡的寧靜。

	Harrison St Row
	地址：Harrison St（過 Greenwich St）
	TriPac
	地址：199 Chamber St
	網址：www.tribecapac.org

電影魔鬼剋星出現! (啊~透露年齡層啦)

Hook and Ladder Company #8

　　1984 年的電影《魔鬼剋星》（Ghostbusters）就是在此取景拍攝，因此在消防局到處可以看到電影情節裡的白色鬼靈精圖案。911 發生時，這裡因為距離事發地點很近，所以當時也參與了救援行動。不過行經此地，拍照時可別影響到消防員的工作喔!

	Hook and Ladder Company #8
	地址：14 N Moore St

60

American Express Stable

位在石頭街道上，是紐約少數留下的早期馬廄。如今這棟建築已變裝成為翠貝卡高級奢華公寓。建築上還保留著當時的精緻浮雕，試試看你是否能注意到。

American Express Stable
地址：Collister St（介於 Hubert St 和 Laight St）

當有歷史的翠貝卡，連路標也相當古樸有特色！

好買好吃好逛 in 翠貝卡

孫了麵包，帶有肉桂口味的糕點也好吃！

Grandaisy Bakery
義式風格的麵包坊，麵包與糕點都相當好吃。
地址：250 W Broadway
網址：www.grandaisybakery.com

Sarabeth（Tribeca 分店）
地址：339 Greenwich St
網址：www.sarabeth.com

Tribeca Tavern & Cafe
酒吧風格的餐廳。
地址：247 W Broadway

Tribeca Grand Hotel
大廳酒吧很棒。
地址：2 Ave of the Americas
網址：www.tribecagrand.com

Playing Mantis
（Toys&Crafts for life）
地址：32 Moore St

紐約的後廚房，雀爾喜與肉品加工區

隨著 SoHo 租金高漲，近年來很多藝術家及藝廊紛紛外遷。當中鄰近的雀爾喜（Chelsea）便成了首選之一，也使得這裡成為紐約市藝廊密度最高的地區，其中多數藝廊位於 10 大道和 11 大道之間的街道上。這裡的藝術品較為前衛，可能比較適合喜歡新事物的人。另外這裡的藝廊大多免費開放參觀。想體驗電影情節中的藝廊開幕酒會，不妨索取一本 Gallery Guide，裡面有許多藝廊開幕酒會的相關訊息。除了名人和藝術家，這些酒會一般大眾也可以參加。不僅處處藝術，這裡也是美食天堂。

推薦路線 1

London Terrace ▶ 雀爾喜最古老的房子與 Cushman Row ▶ 雀爾喜市場（Chelsea Market）▶ 肉品加工區（Meatpacking District）尋寶趣 ▶ 散步哈德遜河公園（Hudson River Park）、雀爾喜碼頭（Chelsea Pier）或鐵道公園（High Line）▶ 獨特的透明建築，IAC Building ▶ 小小書店，192 BOOKS ▶ 經典地標餐廳，Empire Dinner

London Terrace

身為低調奢華的大型公寓代表，其實它的歷史充滿坎坷，因為完工時正巧碰上美國

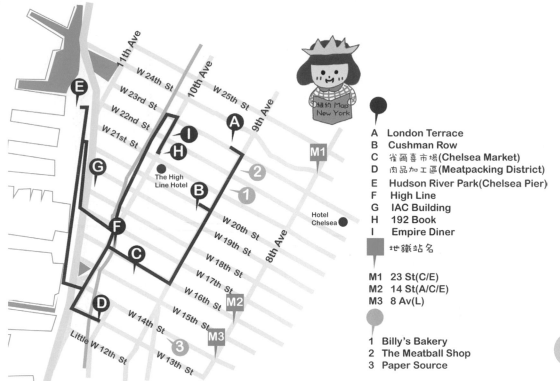

A London Terrace
B Cushman Row
C 雀爾喜市場(Chelsea Market)
D 肉品加工區(Meatpacking District)
E Hudson River Park(Chelsea Pier)
F High Line
G IAC Building
H 192 Book
I Empire Diner

地鐵站名

M1 23 St(C/E)
M2 14 St(A/C/E)
M3 8 Av(L)

1 Billy's Bakery
2 The Meatball Shop
3 Paper Source

大蕭條，即使設備良好，卻有 1,670 間公寓閒置。就這樣持續了幾年，後來的公寓管理者為創造特色，想出了讓門房穿著類似倫敦警察的制服，London 之名因此而來。

有名的咖啡店 Joe The Art of Coffee，也在此開店！熱愛花生醬的人，別忘了來塊 Peanut Butter Cookie，搭配咖啡或茶，剛剛好。

London Terrace
地址：435 W 23rd St

Joe The Art of Coffee
（Chelsea 分店）
地址：405 W 23rd St
網址：www.joenewyork.com

小小咖啡館很適合休息，來杯美味咖啡。

High Line Hotel

Cushman Row

經典希臘復古風建築！

本區最古老的房子！

雀爾喜最古老的房子與 Cushman Row

　　建於 1840 年，經典的希臘復古風（Greek Revival）紅磚建築，其中在 416 號前門樓梯可以看到鳳梨造型的裝飾，代表歡迎之意。

　　對面圍牆環繞的大片建築，則是 General Theological Seminary。建於 1817 年，是美國最古老的聖公會神學院，其中部分建築售出成為私人住宅或飯店（High Line Hotel），這裡可以登記入內參觀，不過切記保持安靜，當個稱職的遊客。

　　而與 Cushman Row 相鄰的這棟不起眼的老房子，可是該區最古老的房子喔！

最古老的房子	General Theological Seminary
地址：404 W 20th St	地址：175 9th Ave
Cushman Row	High Line Hotel
地址：406-418 W 20th St	地址：180 10th Ave

巧遇海軍風新人！
應該是軍人吧！

雀爾喜市場（Chelsea Market）

　　成為許多紐約客周末用餐之處的雀爾喜市場，其實早期是 National Biscuit Company 的工廠，或許大家對這家公司很陌生，但是他們家生產的 Oreo 餅乾應該耳熟能詳吧！如今這裡已成為充滿設計感的美食天堂。設計者保留了當時的工廠原貌，從而創造出一個獨一無二的美食市場。在這裡用餐或買菜，同時還可以與藝術接軌，真不愧是充滿藝廊之區。

　　許多熱門餐廳與麵包店在此都有，如 Num Pang、Amy's Bread、Fat with Bakery、The Lobster Place、Hale & Hearty soup、Ronnybrook Dairy、the Nutbox。

　　不過周末人多，建議選擇平日來，比較可以悠閒地慢慢逛市場。另外，請留意這裡的電梯不能直接到 High Ling 公園，得走到 16 街搭電梯喔！

> **Chelsea Market**
> 地址：75 9th Ave
> 網址：www.chelseamarket.com

肉品加工區（Meatpacking District）

　　介於雀爾喜與西村之間的肉品加工區，原本是紐約屠宰場。經過變裝，這裡早成為新的紐約客棲息地，如果想找點有趣新奇的東西、夜晚與朋友到酒吧，或是單純購物逛街，此處是首選之一。

　　或許越來越多人對這裡有興趣，加上 High Line 的開放，使得越來越多的空間規劃與活動在此舉行。

> **Meatpacking District**
> 網址：www.meatpacking-district.com

哈德遜河公園（Hudson River Park）和鐵道公園（High Line）：

（請見 P98~99）

雀爾喜碼頭（Chelsea Pier）

靠近雀爾喜市場，紐約最大的運動中心就在此，除了各式運動設施，還有戶外溜冰場。

轉轉紐約

IAC Building

走在 High Line 上可以看見這棟獨特的建築，由知名建築師 Frank Gehry 設計。前衛特殊，全透明的外觀，在充滿老建築的紐約市裡，顯得更加突兀。這棟紐約當代建築，在電影《華爾街：金錢萬歲》（Wall Street: Money Never Sleeps）中出現過。

> IAC Building
> 地址：555 W 18th St

192 BOOKS

適合喜歡藝術風格或小書的愛書人，也不定時有展覽。

> 192 BOOKS
> 地址：192 10th Ave
> 網址：www.192books.com

Empire Diner

過去曾經是雀爾喜的地標之一，這家有名的美式風格餐廳，在許多著名的影片中出現過，像是 Woody Allen 的《曼哈頓》（Manhattan）、《小鬼當家 2》（Home Alone 2）、《MIB 星際戰警 2》（Men in Black II，縮寫 MIB）。可惜屹立於此數十年後，卻在 2010 年關閉，之後再由新的業主接管，重新整修開店。

> Empire Diner
> 地址：210 10th Ave
> 網址：www.empire-diner.com

66

推薦路線 2

地標雀爾喜飯店（Hotel Chelsea）▶ 雀爾喜跳蚤市場（The Chelsea Flea Market）▶ 鮮花批發市場（Flower Market）▶ FIT Museum

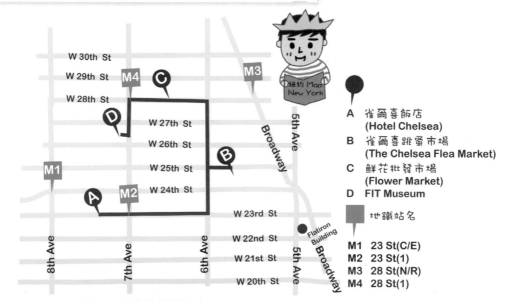

A 雀爾喜飯店 (Hotel Chelsea)
B 雀爾喜跳蚤市場 (The Chelsea Flea Market)
C 鮮花批發市場 (Flower Market)
D FIT Museum

■ 地鐵站名

M1 23 St(C/E)
M2 23 St(1)
M3 28 St(N/R)
M4 28 St(1)

雀爾喜飯店（Hotel Chelsea）

　　古典的紅磚建築，建於 1883 年，曾是紐約最高的建築物，之後被熨斗大廈取代。這裡原先並非飯店，而是紐約最早的私人住宅之一，無法輕易入住。這區曾是繁華的劇院聚集區，後來 19 世紀末，經歷劇院的北移（百老匯劇院區）所影響，也漸漸沒落。1905

雀爾喜著名地標 Hotel Chelsea! 下東城的 Doughnut Plant 這也有設點!

年改建為飯店至今，也提供長期住宿服務。許多當時的作家名人都愛到此，像是馬克吐溫。喜歡甜甜圈專賣店 Donut Plant 的人，在飯店 1 樓也有分店！

Hotel Chelsea
地址：222 W 23rd St
網址：www.chelseahotels.com

雀爾喜跳蚤市場（The Chelsea Flea Market）：（請見 P229）

過去紐約唱片出版業集中的地區！

LEO FEIST MUSIC PUBLISHER

MUSIC PUBLISHER

LEO FEIST

Tin Pan Alley

Tin Pan Alley

28th St

鮮花批發市場（Flower Market）

主要集中在 W 28th St 一帶。和今日到處是花花草草不同，過去這裡有個名稱叫做 Tin Pan Alley，聚集了許多音樂家、作曲家和出版商。昔日的 28 街常有樂器琴音飄揚，因此得名。這裡所創作的作品，引領了當時美國流行音樂市場的潮流。

> Flower Market
> 地點：W 28th St（範圍介於 6th Ave 和 7th Ave）

設計學院博物館（FIT Museum）：（請見 P218）

好買好吃好逛 in 雀爾喜

Billy's Bakery
相當受當地紐約客喜歡的一家糕點店，有多家分店。
地址：184 9th Ave
網址：www.billysbakerynyc.com

The Meatball Shop
Brunch（周六、周日到 16:00）或夜生活另一選擇，有多家分店。
地址：200 9th Ave
網址：themeatballshop.com

轉轉紐約

中義之行，中國城與小義大利

不論是來紐約旅遊或居住，總是會有那麼幾天特別想念家鄉菜，這時可到中國城（Chinatown）享受一頓美味便宜的中式料理，順便採買些新鮮水果。餐後還可到旁邊的小義大利（Little Italy）來點義式冰淇淋，體驗另一種紐約步調。

中國城（Chinatown）

鄰近紐約金融區的中國城，完全脫離我們的紐約印象，大大的霓虹燈中文招牌，廣東話聲此起彼落，可能會錯覺來到香港！身為全美最大的中國城，其實早期多是香港／廣東移民，所以這裡主要是以粵語、粵菜為主。道地的粵式美食及中國年的節慶氣氛，往往吸引許多遊客及紐約客前來。不過這裡還是有些色香味俱全的臺灣料理隱匿巷弄中，像是我的最愛，臺北武昌排骨飯。

記得以前在 NYU 時，中國城是我和廚藝高手好友的採買地點之一。雖然這裡以講廣東話的華人居多，不過每當思鄉病發時，總會來此品味臺北來的武昌排骨飯，喝杯天仁茗茶的珍珠奶茶，一解鄉愁。

推薦路線

美國華人博物館（Museum of Chinese in America）▶ Canal St 的大班餅店 ▶ 中國城的起源，勿街（Mott St）▶ 批露街（Pell St）上的 Edward Mooney House ▶ Columbus Park ▶ 多也斯街（Doyers St）▶ 孔子大廈（Confucius Plaza）▶ 卓林廣場（Chatham Square）▶ 小福州拍橋景

轉轉紐約

A　美國華人博物館
　　(Museum of Chinese in America)
B　大班餅店
C　勿街(Mott St)
D　Edward Mooney House(披露街Pell St)
E　Columbus Park
F　多也斯街(Doyers St)
G　孔子大廈(Cconfucius Plaza)
H　卓林廣場(Chatham Sq)
I　小福州
　　地鐵站名

M1　Canal St(J/Z)
M2　Canal St(6)
M3　Canal St(N/Q)
M4　East Broadway(F)

1　利口福粥品
2　宏安
3　臺北武昌排骨好味道
4　Bassanova Ramen

美國華人博物館（Museum of Chinese in America）：（請見 P218）

好中國風的遊客服務中心！

你好！
你好！

Canal St

　　Canal St 是中國城的主要大道，也是分隔小義大利與中國城的界線。而這家大班餅店從我念書時就已開業，除了麵包，還有各式港式甜點，在中國城算是人氣名店喔！

大班餅店
地址：194 Canal St

勿街（Mott St）

　　許多拍攝紐約中國城的影集或電影，常在勿街取景。路的兩旁有各式各樣的店家，是中國城最老的街，第一家華人雜貨店 1878 年在勿街開業，可以說紐約的中國城就是由此發展而來。而位在勿街和 Mosco St 的街口，綠色的圓頂教堂是 Church of the Transfiguration，建於 1801 年，僅次於 St. Paul's Chapel 及 St. Mark's in the Bowery，是曼哈頓內第三古老的教堂建築。

The church of the Transfiguration

紐約最古老的天主教教堂建築，建於1801年！

在曼哈頓中，僅存的最早的 Early Federal style 聯排別墅。

Edward Mooney House

　　這棟可愛的屋子，建於 1785 年，是中國城裡最古老的建築及紐約最古老的聯排別墅，也是曼哈頓少數現存的 18 世紀建築物。

Edward Mooney House
地址：3 Pell St

Columbus Park

　　這裡曾是流氓黑幫聚集的地方，如今成為中國城居民重要的綠地空間。此外，規劃公園的設計師 Calvert Vaux 也是中央公園的設計者之一，只是公園內他原先的設計保留很少。

多也斯街（Doyers St）

　　看似平靜的小街，其實曾經是幫派火拚爭鬥的地方，又稱為 Bloody Angle。如今這裡只是中國城的一條小巷弄，而我最愛的臺灣料理店就在這條街上。

yummy, yummy!

難得出現我做的娃娃！

臺北武昌排骨好味道

孔子大廈與卓林廣場（Confucius Plaza & Chatham Square）

　　這棟在 1976 年由聯邦政府補助興建的 44 層大樓，在矮屋林立的中國城相當突出，也是中國城的地標之一。大廈廣場中還有一座孔子雕像，而在大廈附近的卓林廣場則矗立著另一名人雕像，禁鴉片的清朝大臣林則徐雕像。

> Confucius Plaza
> 地址：58 Bowery St

小福州

　　早期的中國城移民多來自廣東，但在 1980 年代後，福州也有大量的移民來到這裡。小福州的鬧區主要沿著東百老匯（W Broadway），有許多閩南特色小吃。如果想近距離拍攝曼哈頓橋與威廉斯堡橋，可以從小福州前往 Cherry St 的 Corlears Hook Park，這是我偶然意外發現的地方。

好買好吃好逛
in 中國城

Bassanova Ramen

利口福

利口福
正宗美味的港式茶餐廳。
地址：28 Bowery St

宏安
豆花與蘿蔔糕很有名。
地址：46 Mott St

臺北武昌排骨好味道
滿滿臺灣味的排骨飯真棒！
地址：3 Doyers St

Bassanova Ramen 拉麵店
紐約時報 2014 年十大拉麵店！
地址：76 Mott St

小義大利 (Little Italy) 與 Nolita

身為中國城鄰居的小義大利，不像中國城日漸壯大，反而區域日漸變小了，只剩少數幾條設計充滿義大利風的街道，吸引遊客。雖然小義大利日漸沒落，然而小義大利北部的 Nolita，卻在近年來成為曼哈頓設計師和藝術家的新焦點。Broadway 以西是 SoHo，以東是 Nolita（一般指圍繞著 St. Patrick Old Cathedral 的區域，北至 Houston St，東至 Bowery St）。

推薦路線

Former Engine 31 ▶ 舊警察總部 ▶ 散步 Mulberry St ▶ 散步 Elizabeth & Mott St ▶ 新美術館（New Museum） ▶ St. Patrick's Old Cathedra ▶ McNally Jackson 書店和文具店 ▶ 聽說是地球第一的 Lombardi's Pizza ▶ Eileen's Special Cheesecake

A Former Engine 31
B 舊警察總部
C 散步 Mulberry St
D 散步 Elizabeth & Mott St
E New Museum
F St. Patrick's Old Cathedra
G McNally Jackson 書店
H McNally Jackson 文具店
I Lombardi's Pizza
J Eileen's Special Cheesecake

地鐵站名

M1 Canal St(J/Z)
M2 Canal St(6)
M3 Bowery(J/Z)
M4 Spring St(6)

1 Cafe Gitane
2 The Tea Shoppe
3 Oro Bakery & Bar
4 CECI CELA

Engine 31

Former Engine 31

這棟看似歐洲貴族城堡的建築，前身可是紐約消防局，不過 1972 年底消防局搬離了這棟城堡建築，現為 DCTV 所使用。

Former Engine 31
地址：87 Lafayette St

舊警察總部

這一棟占據了整個 Broome St 到 Grand St 之間 Centre St 的大型建築，前身是警察總部，典雅莊嚴的外觀設計，相當引人注目。

舊警察總部
地址：168 Grand St

以前的警察總部！

Mulberry St

小義大利的版圖因為中國城的擴大而縮小，如今只能從 Mulberry St 兩旁的義大利餐廳與商店，稍微窺見舊時小義大利區的外貌。

Joe?

Elizabeth & Mott St

介於 Prince St 和 Spring St 之間的 Mott St，有許多可愛或時尚的小店，建議可以慢慢逛。有名的 Gimme! Coffee 也在 Mott St 上。喜歡石雕的人，可以到 Elizabeth St 上的 Elizabeth Street Gallery 參觀，這個看似公園的地方，擺放了許多有趣的雕像。

Gimme! Coffee
地址：228 Mott St

Elizabeth Street Gallery
地址：209 Elizabeth St

轉轉紐約

新美術館（New Museum）：（請見 P217）

St. Patrick's Old Cathedral

紐約第一個主教座堂，於 1815 年完工。直到第 5 大道的 St. Patrick's Cathedral 啟用前，這裡一直是天主教紐約總教區的主教座堂。

St. Patrick's Old Cathedral
地址：263 Mulberry St

St. Patrick's Old Cathedral

McNally Jackson Store
書店及文具店

McNally Jackson 在 Nolita 裡是有名的書店，他們希望帶給讀者的不只是販售書，更是一種享受閱讀的樂趣。如今他們在這裡開了間可愛的文具用品店，讓閱讀與學習更加有趣。

還有家位在 Spring St 的 McNally Jackson 書店兼咖啡店，經過詢問才知道加上另外一家店，三家店共用 McNally Jackson 這個名字。

McNally Jackson Store
地址：文具店在 234 Mulberry St，
書店則在 52 Prince St

Lombardi's Pizza

據說 Lombardi's 所賣的披薩，被評為地球上最好吃，至於是否最美味，至少對我來說真的很好吃。姑且不論是否第一，他們家的餅皮真的挺香，完全是紐約風的薄餅披薩。聽說這裡的披薩都是用木炭火爐烘烤，難怪等待時間頗長。點披薩時可以選擇你要的餅皮，大小則有 Small（6 片）和 Large（8 片），最後再選擇你想加的料。

因為是百年老店，店內充滿義大利復古風，小小的店擠滿客人，所以如果不想等位太久，可以學我下午 4 點來用餐。另外 6 片尺寸的披薩真的很大，除非你像我在店裡看過的外國爺爺一樣，擁有超大食量，否則別輕易嘗試 8 片的披薩。

> **Lombardi's Pizza**
> 地址：32 Spring St
> 網址：www.firstpizza.com/newyork.html

Eileen's Special Cheesecake

小小的店面，座位不多，卻有多樣的起士蛋糕種類，是紐約知名的起士蛋糕店之一。之前附近還有慶祝美劇《六人行》二十周年紀念，推出的限定咖啡館，吸引大批人龍，等待喝杯劇中人物的咖啡。

> **Eileen's Special Cheesecake**
> 地址：17 Cleveland Pl

好買好吃好逛 in 小義大利和 Nolita

Cafe Gitane
位於 St. Patrick's Old Cathedral 後面，熱門咖啡店。
地址：242 Mott St
網址：www.cafegitanenyc.com

The Tea Shoppe
茶壺專賣店。
地址：217 Mulberry St
網址：www.theteashoppes.com

Oro Bakery & Bar
早午餐的另一選擇。
地址：375 Broome St
網址：orobakerybar.com

紐約首個文化熔爐發源地，下東城

　　相較於紐約各區，下東城（Lower East Side）給人的感覺更像是個復古的老紐約。許多人說紐約是民族大熔爐，那麼下東城該是這個名詞的代言人，因為大熔爐這個詞其實最早就是用來形容下東城密集的移民區。

　　19 世紀時，許多人移民到此區定居，或許是這樣的歷史背景之下，下東城充滿了異國風情。在這裡可以看到有百年歷史的猶太老鋪，或是無奇不有的 Essex Street Market。

　　對於許多紐約客來說，下東城是個品嘗各國平價美食的首選。除了吃，這裡的塗鴉文化也相當有名。如果想多了解該區的塗鴉美學，不妨參加 Graff Tours 所舉行的塗鴉文化遊，應該會有不同的收穫。

推薦
路線

Clinton ST. Baking Company & Restaurant ▶ 糖果雜貨鋪．Economy Candy ▶ 埃塞斯街市場（Essex Street Market）▶ 散步 Ludlow St 與 Orchard St ▶ Lower East Side Tenement Museum ▶ Doughnut Plant ▶ Museum at Eldridge Street

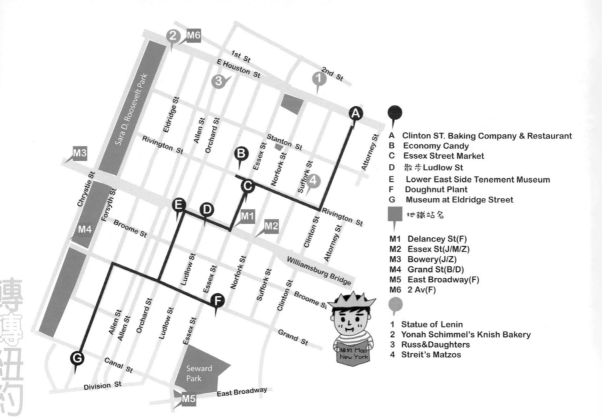

A　Clinton ST. Baking Company & Restaurant
B　Economy Candy
C　Essex Street Market
D　散步 Ludlow St
E　Lower East Side Tenement Museum
F　Doughnut Plant
G　Museum at Eldridge Street

地鐵站名

M1　Delancey St(F)
M2　Essex St(J/M/Z)
M3　Bowery(J/Z)
M4　Grand St(B/D)
M5　East Broadway(F)
M6　2 Av(F)

1　Statue of Lenin
2　Yonah Schimmel's Knish Bakery
3　Russ&Daughters
4　Streit's Matzos

轉轉紐約

這裡的鬆餅
比較鬆軟，
濃濃的蛋香
味，好吃。

Clinton ST. Baking Company & Restaurant

　　喜歡鬆餅的人一定得嘗嘗，鬆軟美味，搭配糖漿浸泡過的梨子與甜膩恰到好處的奶油，真的很棒。不過分量挺多的，所以建議兩人 share 一份。該店廚房 16:00 ～ 18:00 休息，所以想用餐的人請留意廚房休息時間。

　　鄰近餐廳的 Red Square 大樓頂樓時鐘旁，有個招手的列寧雕像，似乎挺有名。

Clinton ST. Baking Company & Restaurant
地址：4 Clinton St
網址：clintonstreetbaking.com

Statue of Lenin
地址：250 E Houston St

Economy Candy

　　這家外觀不起眼的糖果店，裡面堆滿成堆的糖果。你能想到的各種平價牌子這裡應該都有，還有許多造型可愛的鐵盒糖果、二手及一手漫畫書喔！店內有許多糖果可以秤重買，多樣化的選擇，真的

很難脫身。結果我們在此貢獻了 70 美元買糖果，就可以看出這家糖果店的魅力。

> **Economy Candy**
> 地址：108 Rivington St
> 網址：www.economycandy.com

埃塞斯街市場
(Essex Street Market)

　　相較於雀爾喜市場，這裡的規模不大，設計感也不足。但是正因為遊客少，所以到此反而能夠體驗當地人的採買方式。如果懶得找餐廳，那麼不妨來趟埃塞斯街市場美食探索之旅，像是好吃的 Pain d'Avigron 麵包店，或是有名的 Shopsin's、Brooklyn Taco 等。這裡超多不同選擇的三明治喔！也許哪天可以來個早中晚三明治大集合。總之，就如同店家所說，你可以找到所有你需要的東西！

> **Essex Street Market**
> 地址：120 Essex St
> 網址：www.essexstreetmarket.com

Ludlow St 與 Orchard St

　　夏日時節，Ludlow St 就會化身成藝術空間，常有免費的街頭莎翁劇表演。喜歡逛街的人，可以到 Orchard St，應該是下東城最熱鬧有趣的一條街。除了有名的 Lower East Side Tenement Museum，還有許多特色小店、餐廳與藝廊！

　　被稱作 Bargin Center 的 Orchard St，參觀的最佳時間是周日，因為這時介於 Houston St 和 Delancey St 之間的 Orchard St，會交通管制，並有許多攤販或店家在自家門口擺放特價商品，或者可說是種另類的市集。

Lower East Side Tenement Museum：
（請見 P218）

應該很有歷史的秤。

地鐵一出來就是 Essex St Market!

下東城是早期移民紐約的人們最早進駐的地區。

Doughnut Plant

　　許多有名的餐廳、咖啡店（如 SHAKE SHACK）也都可以品嘗到 Doughnut Plant 的甜甜圈。還有許多季節性的甜甜圈，像是萬聖節的南瓜餡甜甜圈，其中四方形甜甜圈也是他們家研發的。不過最好當天買當天吃，因為我之前試過買了放到隔天吃，結果內餡竟然就酸掉了。

> ### Doughnut Plant
> 地址：379 Grand St
> 網址：doughnutplant.com

Doughnut Plant

Museum at Eldridge Street

　　Museum at Eldridge Street 其實是早期德裔猶太人在 1887 年所建的教堂，後來因為許多人搬離下東城，也漸漸荒廢。直到在一位 NYU 教授的力促下，才重新修復，呈現教堂原來的美。一進入教堂就會被眼前的玫瑰窗所吸引，和其他教堂不同的是，這個玫瑰窗有個六角星，並無任何人物，陽光透進來時有種祥和的感覺。

　　教堂的地下一樓是博物館，互動式的觸控螢幕，讓人更了解建築本身的歷史及猶太人在美國下東城當時的生活狀況。非常值得參觀！

> ### Museum at Eldridge Street
> 地址：12 Eldridge St
> 網址：www.eldridgestreet.org

美得讓人窒息的教堂！

好買好吃好逛 in 下東城

Yonah Schimmel's Knish Bakery
猶太風味麵包店。
地址：137 E Houston St
網址：knishery.com

Russ&Daughters
傳統的 Deli 店。
地址：179 E Houston St，咖啡店則位在 127 Orchard St
網址：www.russanddaughters.com

Streit's Matzos
老字號的猶太餅乾店。
地址：148 Rivington St
網址：www.streitsmatzos.com

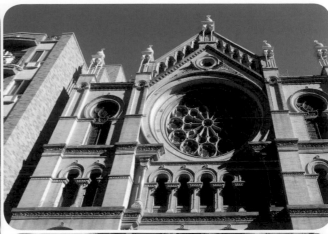

華爾街中體驗歷史的優雅，金融區

　　身處世界金融中心的紐約，金融區（Financial District）除了有聞名世界的華爾街，還有意義非凡的自由塔。之前在紐約念書時，曾在這區居住過一年，那時住的大樓離雙子星（世貿大廈）原址只有兩三條街之隔，所以當 911 發生時，曾有好一段時間無法回家。所以散步此地，總會有許多回憶湧起。這裡介紹的範圍還包含鄰近金融區的 Civic Center。

推薦路線 ①

活動範圍為金融區（Financial District）

世界金融中心（World Financial Center）▶ 911 紀念公園（9/11 memorial）▶ 21 世紀折扣百貨公司（Century 21）▶ 三一教堂（Trinity Church）▶ 華爾街（Wall St）▶ 銅牛雕像（Charging Bull）▶ 美國印第安人博物館（The National Museum Of the Am. Indian）▶ 砲臺公園（Battery Park）▶ Fraunces Tavern Museum

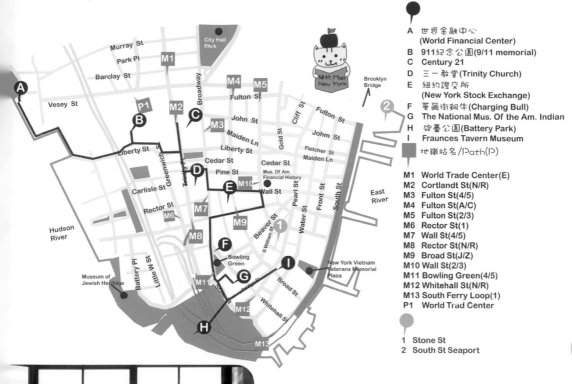

A 世界金融中心
(World Financial Center)
B 911紀念公園(9/11 memorial)
C Century 21
D 三一教堂 (Trinity Church)
E 紐約證交所
(New York Stock Exchange)
F 華爾街銅牛 (Charging Bull)
G The National Mus. Of the Am. Indian
H 砲臺公園 (Battery Park)
I Fraunces Tavern Museum

地鐵站名/Path(P)

M1 World Trade Center(E)
M2 Cortlandt St(N/R)
M3 Fulton St(4/5)
M4 Fulton St(A/C)
M5 Fulton St(2/3)
M6 Rector St(1)
M7 Wall St(4/5)
M8 Rector St(N/R)
M9 Broad St(J/Z)
M10 Wall St(2/3)
M11 Bowling Green(4/5)
M12 Whitehall Sl(N/R)
M13 South Ferry Loop(1)
P1 World Trad Center

1 Stone St
2 South St Seaport

世界金融中心（World Financial Center）

　　鄰近雙子星原址的世界金融中心，緊鄰哈德遜河。附近還有著玻璃鋼骨造型的冬之花園廣場（Winter Garden），更是許多上班族休息用餐的地方。特別是天氣晴朗時，陽光灑下的冬之花園廣場，真的很漂亮。

Winter Garden

9/11 紀念公園（9/11 memorial）

　　為了紀念 911 事件，雙子星建築原址的地方變成了公園，並依據原來建築的面積，呈現兩處下凹的瀑布。

> 9/11 memorial
> 地址：180 Greenwich St

21 世紀折扣百貨公司（Century 21）

　　911 紀念公園附近，專售過季商品的市區 Outlet，種

附近連接 Path 車站的走道

類樣式多。對於不想到郊區 Outlet 的人來說，相當方便。

Century 21
地址：22 Cortlandt St
網址：www.c21stores.com

三一教堂（Trinity Church）

教堂本身建築不大，尤其身處在水泥叢林大廈中的金融區，更顯嬌小。911 發生後，這裡卻是人們心靈的寄託，許多人將思念用絲帶繫在教堂外的鐵欄杆上。拜訪教堂的那天下起綿綿細雨，索性到教堂內參觀，結果意外碰到樂團正在排練。坐在教堂裡，聆聽著曼妙的音樂，真是一場美麗的邂逅。教堂後方是墓園，念書那幾年常看到許多人午休到此用餐，跟亞洲真的很不同。

常看到上班族休息時，在教堂的墓園內用餐，這在亞洲很少見。

Trinity Church
地址：74 Trinity Pl

轉轉紐約

華爾街（Wall St）

既然到金融區一遊，還是不免俗地來華爾街參觀，看看世界上最會賺錢的地方。與聯邦國家紀念堂（Federal Hall）前的華盛頓雕像合影；或是參觀紐約證券交易所（New York Stock Exchange），了解股票交易員的工作環境。

對於金融歷史有興趣的人，可以到華爾街的美國金融博物館（Mus. Of Am. Financial History）參觀。

New York Stock Exchange

紐約小學堂

華爾街以前真的是一道牆？

一如其名 Wall St，華爾街最初是荷蘭人築起的一道牆，以抵禦英國人及其他新殖民者。1685 年沿著這道牆劃出一條道路，後來 1699 年被英國人拆除原先的城牆。

銅牛雕像
（Charging Bull）

這座銅牛應該是華爾街上最有名的動物雕像，許多前來朝拜的觀光客將銅牛摸出金牛般的光澤，不過要跟銅牛拍照留念可得有心理準備，因為常常是人滿為患的景況。銅牛附近就是紐約最古老的公園，Bowling Green。公園的前身是荷蘭人交易牛隻的市場，據說荷蘭人就是在此跟印第安人交易，買下了曼哈頓島。

Charging Bull
地址：Broadway & Morris St

美國印第安人博物館（The National Museum Of the Am. Indian）：
（請見 P214）

砲臺公園（Battery Park）：（請見 P97）

Fraunces Tavern Museum：（請見 P217）

推薦路線 2

活動範圍為 Civic Center

New York by Gehry ▶ 曾是最高的 Woolworth Building ▶ 市政府（City Hall）▶ Tweed Courthouse ▶ Municipal Building ▶ 布魯克林橋（Brooklyn Bridge）

New York by Gehry

最初名為 Beekman Tower，由古根漢博物館建築師所設計，New York by Gehry 這棟與古根漢博物館有異曲同工之妙的建築，有著不規則的建築外觀。76 層樓高的大樓據說是目前全美最高的住宅建築，不過之後會被中城新的建築大樓超越。

New York by Gehry
地址：8 Spruce St

A New York by Gehry
B Woolworth Building
C City Hall
D Tweed Courthouse
E Municipal Building
F 布魯克林橋(Brooklyn Bridge)

地鐵站名

M1 Fulton St(2/3)
M2 Fulton St(A/C)
M3 Park Pl(2/3)
M4 Chambers St(A/C)
M5 City Hall(N/R)
M6 Chambers St(J/Z)

轉轉紐約

曾經短暫
成為世界
第一高樓!

Woolworth
Building

曾是最高的
Woolworth Building

　　座落在百老匯大道上的 Woolworth Building 曾是紐約最高樓，然而第一的頭銜總是很快就被取代。不過這棟外觀莊嚴而華麗的大樓，仍不減當年風光，繼續矗立於此。

Woolworth
Building
地址：233 Broadway

市政府（City Hall）

　　在紐約念書的第二年，就住在靠近市政府的大樓。那時偶爾會見到當時的紐約市長，不過對我來說，市長或市政府的建築都不及居住在此的松鼠來得吸引人。

　　記得有次我拿著朋友給我的美味碩大栗子走過此，有隻小傢伙盯著我看，結果給了牠一顆大栗子，松鼠高興地兩手高舉栗子，

City Hall
地址：在 City Hall Park 內

飛快地走掉了。之後又來了好幾隻松鼠，所以只好割愛把栗子都送給牠們囉！

Tweed Courthouse

　　僅次於 City Hall，為紐約市第二古老的政府建築，由 19 世紀時期紐約最有名的兩位建築師 John Kellum 和 Leopold Eidlitz 所設計。現為紐約市教育部總部。

> Tweed Courthouse
> 地址：52 Chambers St

Municipal Building

　　這棟外觀宏偉的建築，是紐約第一棟與地鐵站結合的大樓。Chamber St Station 就位在大樓的地下。它同時也是世界上最大的政府建築之一。附近很像約翰藍儂以前居住過的達科塔公寓（Dakota Apartment）則是 Surrogate's Court。

> Municipal Building
> 地址：1 Centre St
>
> Surrogate's Court
> 地址：31 Chambers St

布魯克林橋（Brooklyn Bridge）

　　有人說如果來到紐約，一定要在布魯克林橋走一回，特別是日落時分，站在美國最古老的吊橋之一，一邊欣賞美麗的日落景色，一邊欣賞迷人的曼哈頓風景。

世界最大政府建築之一！

第一棟與地鐵結合的建築！

好吃！ 好吃！

好買好吃好逛
in 金融區

石頭街（Stone St）餐廳

早期的石頭街其實叫做 Brewer St（釀酒街），後來因為其路面鋪滿了鵝卵石，才改名為石頭街。禁止車輛通行的石頭街一帶有許多餐廳，像是有名的 Stone Street Tavern。天氣好時，石頭街上會擺滿各家餐廳的桌椅，讓客人可以選擇在戶外用餐。

南街魚港（South Street Seaport）購物區

網址：www.southstreetseaport.com

金融區餐廳很多在石頭街。

紐約的市區農場,聯合廣場 ╳ 大蘋果裡的大熨斗,熨斗區

　　相較於東村的活潑與第 5 大道的奢華風,聯合廣場(Union Square)則感覺多了些慵懶的氛圍。這裡有許多紐約具代表性的建築物,也有許多頂級的餐廳與商店。如果熱愛國外的農夫市集,那麼這裡肯定是首選。

推薦路線 ❶

若想去聯合廣場的綠色市集,建議行程安排在周六,因為會是最多攤販的時段。
聯合廣場(Union Square)與冒煙的建築物 ▶ Century Building ▶ Everette Building ▶ Irving Place 與格拉梅西公園(Gramercy Park)▶ Thedore Roosevelt's Birthplace ▶ Lord & Taylor Building ▶ Gorham Manufacture Company Building ▶ 超大間的文具店‧Paper Presentation ▶ 兒童繪本專門店‧Books of Wonder

聯合廣場(Union Square)

　　1882 年,美國第一個勞動節的遊行就是在此舉行。有著顯赫歷史的聯合廣場,其實也有著不堪的過去。它曾是紐約客的購物精華區中心,但也曾一度被遺棄,成為毒品犯的交易場所(似乎紐約許多公園都曾是毒品犯的聚集場所)。如今,這裡的廣場早已恢

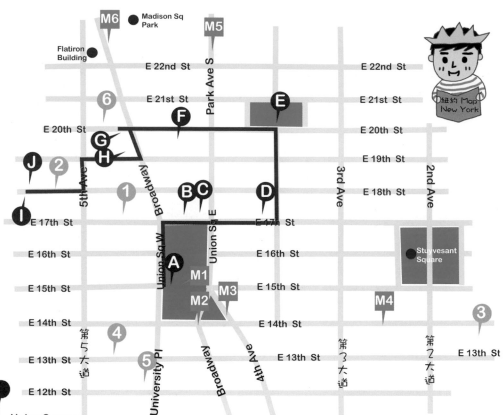

A Union Square
B Century Building
C Everette Building
D Irving Place
E Gramercy Park
F Thedore Roosevelt's Birthplace
G Lord&Taylor Building
H Gorham Manufacture Company Building
I Paper Presentation
J Books of Wonder

地鐵站名

M1 14 St-Union Sq(N/Q/R)
M2 Union Sq-14 St(L)
M3 14 St-Union Sq(4/5/6)
M4 3 Av(L)
M5 23 St(6)
M6 E 23 St-Broadway(N/R)

1 Lillie's Victorian Bar& Restaurant
2 The City Bakery
3 Artichoke Pizza
4 JOE, Cafe Shop
5 num pang
6 L.A. Burdick

轉轉紐約

復原來的秩序，有許多頂級餐廳進駐，也成為紐約客假日的休閒去處。

　　廣場南端的華盛頓雕像，完成於 1856 年。而廣場中央的紀念碑是 1926 年慶祝獨立 150 周年所建。如果想拍攝廣場全景，建議到 14 街上的 DSW 3 樓，可以拍攝到不錯的全景喔！

　　若是熱愛自然的農產品，那麼別錯過這裡的農夫市集。

　　而位在廣場對面，這棟醒目的冒煙的大樓，應該是很多人對聯合廣場的第一眼印象。其實冒煙的部分是個節拍器（Metronome），大樓建商花了 300 萬美元請人設計，作為獻給紐約的禮物。另外建築物旁邊一連串數字，則是代表當下的時間與還有多少時間今天就結束。

Union Square 站內
點綴著許多可愛裝飾喔!
有機會到這裡, 不妨
尋找那些可愛的小人!

地鐵旁地上
的歷史插圖!
相當精緻。

The long stretch of fashionable stores along Broadway below 14th Street was called "Ladies' Mile."

Ladies' Mile 歷史區建築群

　　歷史區涵蓋範圍大致是東西以 Park Ave 和 6 th Ave 為界,南北介於 W15 th 和 W24 th St 之間。建議可以從聯合廣場的西北角,E 17 th St 和 Broadway 出發,往北走。這一帶保留著許多精緻的建築遺跡,像是罕有的美式安妮女王風格(Queen Anne Style)建築的 Century Building 和 Gorham Manufacture Company Building;巴洛克風格的 Lord & Taylor Building 等,值得慢走慢看。

Century Building 地址:33 E 17th St(Barnes & Noble)	Gorham Manufacture Company Building 地址:889-891 Broadway
Everette Building 地址:200 Park Ave South	Lord & Taylor Building 地址:901 Broadway

Irving Place 與格拉梅西公園(Gramercy Park)

　　位在聯合廣場的東邊,是個環境優美區域。之所以稱為 Irving Place,主要是源自 19 世紀初期有名的作家 Washington Irving,其最為人知的作品是翻拍成電影的《斷頭谷》

91

格拉梅西公園是少數私人公園，不過還是可以透過圍牆欣賞。

（Sleepy Hollow）。位在 Irving Pace 的格拉梅西公園，有人說它是紐約最美的公園之一，因為屬於私人的地區，所以不能入內參觀，不過在外欣賞也是不錯的方式。鄰近的公園還有 National Arts Club，雖是私人俱樂部，不過非會員者可以參觀臨時的展覽喔！

Theodore Roosevelt's Birthplace

這棟簡樸的聯邦式建築，就是美國前總統老羅斯福的出生地，沒想到他也是道地的紐約客。

> Theodore Roosevelt's Birthplace
> 地址：28 E 20th St

超大間的文具店，Paper Presentation

喜歡文具的人，可別錯過這家大型文具店，偌大的店內，分成不同專區，有貼紙區，也有緞帶區。不同節日還會推出應景的商品，文具迷到此，可得留意心臟與荷包喔！

> Paper Presentation
> 地址：23 W 18th St
> 網址：www.paperpresentation.com

兒童繪本專門店，Books of Wonder

　　位於 Paper Presentation 對面的這家書店，對於繪本迷來說，是一家不可錯過的可愛書店。裡面除了有許多繪本，還有許多知名插畫家的原畫及印刷畫展覽。之前來的時候，買了很喜歡的一位插畫家 Oliver Jeffers 的印刷畫。書店還有說故事時間，建議可以先上官網查詢。

> Books of Wonder
> 地址：18 W 18th St
> 網址：www.booksofwonder.com

推薦路線 2

熨斗大廈一帶

角落教堂（The Church of the Transfiguration）▶ Museum of Sex ▶ 紐約人壽保險大樓（New York Life Insurance Building）▶ 紐約州法院大樓（Appellate Division of the Supreme Court of the New York State）▶ 麥迪遜廣場公園（Madison Square Park）▶ 大都會人壽保險大樓（Met Life Tower）▶ 熨斗大廈（Flatiron Building）▶ Fishs Eddy

角落教堂 The Church of the Transfiguration

　　這棟可愛的教堂，被暱稱為 Little Church around the corner。是早期英國新哥德式建築，教堂內的花園就像一處城市花園，分別在 1967 年和 1973 年列為紐約市地標與國家史蹟名冊。出發前可以先到 ACE Hotel 買份美味的 No.7 潛艇堡三明治，補充體力後，再開始步行之旅。

> The Church of the Transfiguration
> 地址：1 E 29th St
>
> ACE Hotel
> 地址：20 W 29th St
> 網址：www.acehotel.com/newyork

Museum of Sex

　　另類的博物館，讓人們知道性並不侷限於色情，還能以不同的藝術方式來看待。不過票價不便宜喔！

> Museum of Sex
> 地址：233 5th Ave
> 網址：www.museumofsex.com

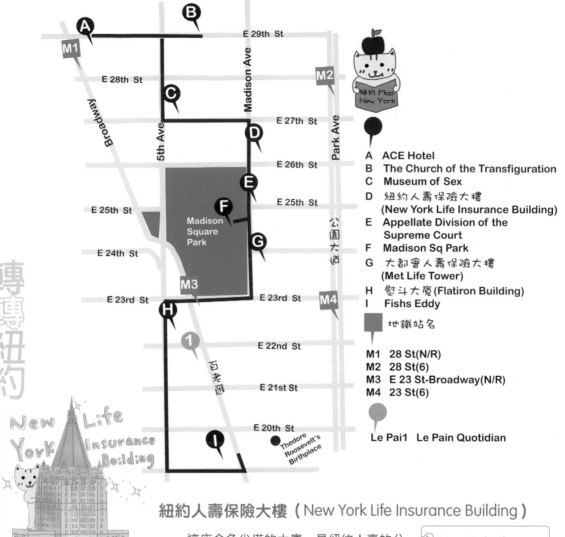

E 29th St
E 28th St
E 27th St
E 26th St
E 25th St
E 25th St
E 24th St
E 23rd St
E 23rd St
E 22nd St
E 21st St
E 20th St

Madison Ave
Park Ave
Broadway
5th Ave
百老匯
公園大道

M1
M2
M3
M4

A
B
C
D
E
F
G
H
I

Madison Square Park
Thedore Roosevelt's Birthplace

紐約 Map New York

A ACE Hotel
B The Church of the Transfiguration
C Museum of Sex
D 紐約人壽保險大樓
   (New York Life Insurance Building)
E Appellate Division of the
   Supreme Court
F Madison Sq Park
G 大都會人壽保險大樓
   (Met Life Tower)
H 熨斗大廈 (Flatiron Building)
I Fishs Eddy

   地鐵站名

M1 28 St(N/R)
M2 28 St(6)
M3 E 23 St-Broadway(N/R)
M4 23 St(6)

Le Pai1 Le Pain Quotidian

轉轉紐約

New Life York Insurance Building

紐約人壽保險大樓（New York Life Insurance Building）

　　這座金色尖塔的大廈，是紐約人壽的公司總部，也是紐約市眾多著名的大廈之一。

New York Life
Insurance Building
地址：51 Madison Ave

紐約州法院大樓
（Appellate Division of the Supreme Court of the New York State）

　　座落在麥迪遜公園一旁，這棟歷史悠久，充滿洛可可風的建築雕飾，其實是紐約州法院大樓。之前取景時，由於太認真拍建築物前的雕像，結果還勞煩警察出來查看我這個可疑人物。還好警察看出我只是個充滿好奇心的觀光客而已，後來也沒有多問，僅對我微笑一下。

代表力量
(Force)

代表智慧
(Wisdom)

建築物本身有許多不同的人物雕刻裝飾，而大門前的兩尊巨大雕像，分別代表智慧（Wisdom）與力量（Force）。

Appellate Division of the Supreme Court of the New York State
地址：35 E 25th St

麥迪遜廣場公園（Madison Square Park）

公園的對面就是熨斗大廈。有名的漢堡老店 SHAKE SHACK 就位在此，是許多人推薦的美味漢堡。不過公園內，除了奇怪的裝置藝術，竟然還有張石頭製的乒乓桌，而且還真看到有人帶著球拍去玩！

大都會人壽保險大樓（Met Life Tower）

大都會人壽保險的總部，樓高 213 公尺，曾是世界上最高的建築（1909 ～ 1913），直到被前面介紹的 The Woolworth Building 取代。大都會人壽保險大樓不僅曾是最高建築，位於建築頂端的四面巨大時鐘更是別具特色。

Met Life Tower

Met Life Tower
地址：1 Madison Ave

熨斗大廈（Flatiron Building）

這棟人們熟悉的紐約地標，外型相當突出，並且精雕細琢。它除了是最早建成的鋼骨建築，於 1902 年完成時，也曾是當時世界最高的大樓，直到帝國大廈落成後，才拱手讓位。

最大的特色是其四面牆的大鐘。

Flatiron Building
地址：175 5th Ave

Fishs Eddy

有著琳琅滿目商品的家具用品店，還推出一系列紐約主題商品，可以買些當禮物送人喔！

Fishs Eddy
地址：889 Broadway
網址：www.fishseddy.com

我很喜歡的家具用品店！

FISHS EDDY

We do dishes.

好吃！ 耶！

好買好吃好逛 in
聯合廣場與熨斗區

Le Pain Quotidian

聯合廣場一帶有許多美食，不過這家比利時連鎖店，卻是我的最愛。酪梨搭配麵包十分美味，記得點一份餐牌上的 Avocado&Omega-3 Tartine 哦！

地址：933 Broadway

網址：www.lepainquotidien.com

Lillie's Victorian Bar& Restaurant

充滿古典童話風的餐廳，非常適合用餐或小酌。

地址：13 E 17th St

網址：unionsquare.lilliesnyc.com

The City Bakery

地址：3 W 18th St，靠近熨斗大廈

網址：www.thecitybakery.com

Artichoke Pizza

超級美味的披薩，店裡空間小，建議外帶到公園享用。

地址：328 E 14th St

網址：www.artichokepizza.com

JOE, Coffee Shop

地址：9 E 13th St

網址：www.joenewyork.com

num pang

柬埔寨三明治，好吃不過有點辣。

地址：21 E 12th St

網址：numpangnyc.com

L.A. Burdick 巧克力店

雖然店名是 L.A.，不過可是貨真價實的紐約店家喔！

地址：5 E 20th St

網址：www.burdickchocolate.com/chocolateshop-cafe-nyc.aspx

City Bakery的咖啡杯
大到覺得服務生整我～
好像大湯碗！

good!

公園時間

砲臺公園（Battery Park）

　　位於曼哈頓最南端。公園內有一座柯林頓城堡（Castle Clinton），完成於 1811 年，當時是為了準備抵禦英國的侵略而建。城堡的附近設立了許多砲臺，所以後來在這裡建的公園也因而得名。有趣的是，由於當時的戰火並未延燒到紐約，因此這些砲臺從未使用過。公園南端的紀念牆，則是紀念二次大戰罹難的士兵。

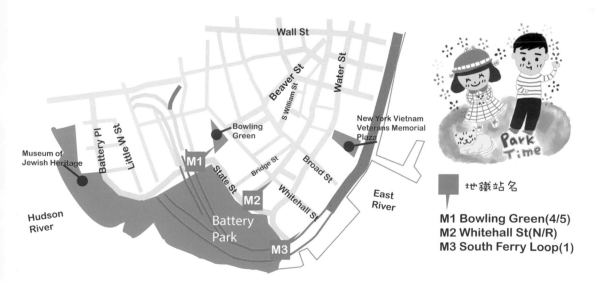

Wall St

Beaver St

Water St

S William St

Bowling Green

New York Vietnam Veterans Memorial Plaza

Battery Pl

Little W St

Museum of Jewish Heritage

M1

State St

Bridge St

Broad St

Whitehall St

East River

M2

Hudson River

Battery Park

M3

■ 地鐵站名

M1 Bowling Green(4/5)
M2 Whitehall St(N/R)
M3 South Ferry Loop(1)

Park Time

公園本身不僅是下城紐約客休息散步的好去處，也是遊客欣賞紐澤西與遠眺自由女神的地方。前往自由女神的渡輪亦是在此搭乘。

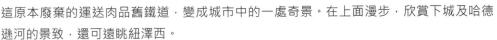

> 柯林頓城堡博物館
> 時間：周一至周五
> 　　　08:00 ～ 17:00

碼霧公園的海濱走道延伸到 Winter Garden。

鐵道公園（High Line）

一個城市的文化特質，往往可從公共建築窺見一斑，紐約就是一個充滿文化的大城市。鐵道公園現已成為紐約客最新的休閒景點，不再讓中央公園專美於前。2009 年開放，由廢棄鐵道改建，保留原始的鐵軌與枕木，再加上許多設計的巧思，將這原本廢棄的運送肉品舊鐵道，變成城市中的一處奇景。在上面漫步，欣賞下城及哈德遜河的景致，還可遠眺紐澤西。

聽說最近有新的企劃 Low Line，將改建廢棄電車的停放空間。如果完成，將會是世界上第一個地下公園，就讓大家拭目以待！

延伸到34th St

High Line Park

10th Ave

W 25th St　M1
W 24th St
W 23rd St
W 22nd St
The High Line Hotel
W 20th St
W 19th St
W 18th St
W 17th St　M2
W 16th St
W 15th St　M3
W 14th St
W 13th St
Little W 12th St

9th Ave

8th Ave

Park Time

　地鐵站名

M1　23 St(C/E)
M2　14 St(A/C/E)
M3　8 Av(L)

> High Line
> 位置：Meatpacking District 的 Gansevoort St 到 34th St（介於 10 和 11 大道）
> 時間：07:00 ～ 20:00

哈德遜河公園（Hudson River Park）

　　身為全美最長的公園，從 59 街延伸至砲臺公園。公園沿線與許多景點、碼頭相連，這些地方還會不定時舉行各種戶外活動或音樂會。特別是日落時分，到此欣賞對岸風光，相當愜意。

Hudson River Park

Park Time

Clinton

Chelsea

Greenwich Village

Tribeca

Hudson River Park
網址：www.hudsonriverpark.org

NEWYORK
NEWYORK
NEWYORK
YORKNEW

2

Inwood
Fort George
Washington Heights
Hamilton Heights
Harlem
Upper East Side
Central Park
Upper West Side
Midtown
East
Chelsea
Flatiron District
Greenwich Village
No Ho
East Village
Lower East Side
West Village
SoHo
China town
Tribeca town
Fiancial District

NEW YOR
K NEW YO
RK NEW
YORK

曼哈頓中城區：時尚＆藝術

充滿高樓的城市景觀，Rockfeller Center 的點燈儀式，浪漫代表的帝國大廈，時代廣場上的巨型招牌，都是中城的一道道風景。

中城（Midtown）範圍，主要是介於 30 和 59 街、1 和 12 大道之間，其中以第 6 大道為界（也有一說以知名的第 5 大道為界），以西為中城西（Midtown West），以東為中城東（Midtown East）。

曼哈頓知名的大樓多集中在中城東，如中央車站和鼎鼎大名的 MoMA 都位於此區；而中城西的中心，則是我們熟悉的時代廣場。

中城的走訪方式和下城會有點不同，中城東不以區為界，而是以幾條道路及建築為主；而中城西則以三大區為主，且讓我們一起尋訪中城區內各個紐約的著名景點吧！

中城東 · 第 5 大道的周邊巡禮

　　代表著高貴時尚的第 5 大道，向來是紐約血拼客的必到之地。不過除了朝拜電影《第凡內早餐》的那棟 Tiffany&CO.，以及到各大旗鑑店購物之餘，其實沿路欣賞第 5 大道的建築，也是很好的走訪方式。所以下次來這裡，別忘了停下腳步，抬頭欣賞周邊的美麗建築。

推薦
路線

黑亮亮的川普大樓（Trump Tower）▶名畫雲集的 MoMA ▶
世界最大室內表演廳，無線電城（Radio City Music Hall）▶
鑽石區（Diamond District）▶
朝聖全美最大天主堂，聖派翠克大教堂（St. Patrick's Cathedral）▶
洛克斐勒中心（Rockefeller Center）▶
洛克斐勒觀景臺（Top of the Rock）欣賞日落與夜景

川普大樓（Trump Tower）

　　若喜歡美國真人實境節目，應該對於有陣子風靡全球的節目《誰是接班人》（The Apprentice）不陌生。川普先生那句「You're fired!」，可說是許多上班族的惡夢！

A 川普大樓
(Trump Tower)
B MoMA
C 無線電城
(Radio City Music Hall)
D 鑽石區
(Diamond District)
E 聖派翠克大教堂
(St. Patrick's Cathedral)
F 洛克斐勒中心
(Rockefeller Center)

■ 地鐵站名

M1 47-50 Sts-Rockefeller Ctr
   (B/D/F/M)
M2 57 St(F)
M3 5Av/53 St(E/M)
M4 49 St(N/Q/R)
M5 7 Av(B/D/E)
M6 57 St-7Av(N/Q/R)
M7 50 St(1)
M8 5 Av/59 St(N/Q/R)

1 FOGO DE CHAO(巴西料理)
2 The Modern
3 MacKenzie-Childs

　　而當時參加比賽的選手就入住位於第 5 大道的川普大樓。大樓的外牆裝飾了一層彷彿黑色水晶般的漸層式玻璃帷幕，讓大樓在這區五光十色的大樓群裡顯得格外特殊。跟低調的大樓外觀有些不同，內部裝潢很符合地產大亨川普先生的風格——金碧輝煌的商業及購物中心，讓人眼睛一亮。

Trump Tower
地址：725 5th Ave（位於有名的
　　　Tiffany&CO. 旁邊）

關於地產大亨唐納川普

或許受到父親從事建築租貸行業影響，唐納川普（Donald Trump）也選擇了投身地產發展。然而 1990 年代受到經濟蕭條影響，他曾欠下了巨額負債，但值得佩服的是，他在經歷這場風波後仍能重新崛起，並在 2004 年，和美國電視臺 NBC 合作，締造高收視的實境節目《誰是接班人》，利用一句「You're fired!」開創事業的另一春。

現代藝術博物館（MoMA）：（請見 P220）

無線電城（Radio City Music Hall）

　　華燈初上，閃亮的無線電城可說是中城夜晚的主角之一。據說 1932 年開幕時，擁有超過 6,000 個座位的無線電城，曾是當時世界上最大的戲院。開幕時的踢踏舞表演 Rockettes，更成為日後冬季節日的重要節目。而每年 11、12 月劇院的聖誕節目——The Radio City Christmas Spectacular 的歌舞表演，更是紐約人美式聖誕節的重要節目。

　　對我來說，這裡還有個特殊意義，因為我當時 NYU 研究所的畢業典禮就是這裡舉行的。

> **Radio City Music Hall**
> 地址：1260 Ave of the Americas
> 網址：www.radiocitychristmas.com

鑽石區（Diamond District）

　　許多人都無法抗拒鑽石那璀璨光芒的誘惑。位在洛克斐勒中心附近、西 47 街的鑽石

區，是紐約鑽石商店的集中區。其中很多是猶太人開設的家族商店。不過，若非行家，建議選購鑽石時還是要格外謹慎。

聖派翠克大教堂（St. Patrick's Cathedral）

教堂有許多漂亮的裝飾！

即使上一刻還漫步在繁忙的第 5 大道上，但步入教堂內部，卻能讓人感到瞬間平靜。以前念書時，有時心煩或迷茫，會來這裡點上蠟燭，為家人朋友祈福，也讓自己可以平靜下來。這座 19 世紀愛爾蘭移民建立的教堂，教堂的裡裡外外布置都是精緻的藝術品，例如其中兩座祭壇就是有名的 Tiffany&Co. 公司所設計。聖派翠克作為全美最大的天主堂，每年都吸引大批的遊客前來。特別提醒，在教堂參觀時，請記得盡量不要騷擾到祈禱的人們。

電影中主角發呆的場景之一！ TIME&LIFE

洛克斐勒中心（Rockefeller Center）

　　世界上最大的私有商業大樓建築群，也是歷史上最大的都市計畫之一。洛克斐勒中心由 18 棟摩天大樓組成，其中許多是 Art Deco（裝飾藝術）風格建築，例如 608 號就是經典的 Art Deco 風格大樓之一。1928 年，當時世界首富的兒子小洛克斐勒（John D.Rockfeller Jr.）和大都會劇院合作，計畫在此地建設大都會歌劇院的新家。但後來因大蕭條一度導致計畫暫停，小洛克斐勒面臨抉擇，但最後他決定承擔風險推進計畫。

　　在 1989 年，日本泡沫經濟達到巔峰時，Mitsubishi Estate 購買了洛克斐勒中心持有者的 51% 股份，並陸續取得剩下的股份，成為洛克斐勒集團的新主人。2000 年時，洛克斐勒第三代掌門人的好友 Jerry Speyer，以 18.5 億美金買下了建築群中的 14 棟大樓。

Rockfeller Center 圖鑑!!

> Rockefeller Center
> 地址：45 Rockefeller Plaza
> 網址：www.rockefellercenter.com

洛克斐勒觀景臺（Top of the Rock）

　　洛克斐勒中心向來以聖誕節點燈活動為世人所熟悉。電影《白日夢冒險王》（The Secret Life of Walter Mitty）中出現的金黃色普羅米修斯雕像、第 5 大道大樓門口的阿特拉斯之神雕像和溜冰都是洛克斐勒中心的主角。另外位在 Channel Gardens 旁的樂高總店，店中用樂高造的普羅米修斯、阿特拉斯與洛克斐勒中心等作品，更吸引無數大小朋

在 Top of the Rock 擠滿拍帝國大廈的人～～

Top of the Rock
網址：www.topoftherocknyc.com

友前往！如今洛克斐勒中心更重新開放觀景臺，讓遊客眺望有帝國大廈相伴的曼哈頓景色。建議先上網訂票，就無須排隊買票進場。

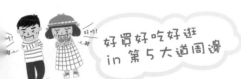

好買好吃好逛
in 第 5 大道周邊

FOGO DE CHAO

位於 MoMA 對面，傳統巴西菜，適合喜愛肉食者，但有點小貴。
地址：40 W 53rd St
網址：www.fogodechao.com

The Modern

MoMA 內的餐廳，可挑選午餐時段前往，通常會有午間套餐。
地址：MoMA 內
網址：www.themodernnyc.com

MacKenzie-Childs

若喜愛花俏活潑的家居用品，記得到這家繽紛溫馨的 MacKenzie-Childs。這裡的商品走手繪風，置身其中有種走進珍．奧斯汀小說世界裡的感覺。
地址：20 W 57th St
網址：www.mackenzie-childs.com

中城東‧公園大道的周邊巡禮

　　豪宅林立的公園大道，除了紐約地標中央車站座落在大道的一端，許多景點也都在附近。而即將完工的公園大道 432 號，將成為西半球最高的住宅大樓，屆時也會成為公園大道的另一新地標！

推薦路線

紐約公共圖書館（New York Public Library）與布萊恩公園（Bryant Park）▶ 中央車站（Grand Central Terminal）▶ 大都會保險公司大廈（Met Life Building）▶ Midtown Comics Grand Central ▶ 克萊斯勒大樓（Chrysler Building）▶ Murray Hill ▶ 摩根圖書館與博物館（The Morgan Library & Museum）▶ 帝國大廈（Empire State Building）賞夜景 ▶ 韓國城（Korean Town）

紐約公共圖書館（New York Public Library）

　　被 Patience（忍耐）和 Fortitude（堅強）兩隻獅子雕像守護的紐約公共圖書館，是紐約著名的地標。其實兩隻獅子雕像的原名是 Leo Astor 和 Leo Lenox，分別以兩位創辦人命名。不過大蕭條時，為了鼓舞人心，所以才改為 Patience 和 Fortitude。

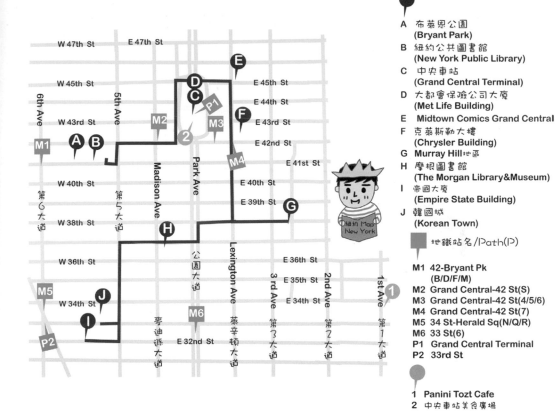

A 布萊恩公園
(Bryant Park)
B 紐約公共圖書館
(New York Public Library)
C 中央車站
(Grand Central Terminal)
D 大都會保險公司大廈
(Met Life Building)
E Midtown Comics Grand Central
F 克萊斯勒大樓
(Chrysler Building)
G Murray Hill 地區
H 摩根圖書館
(The Morgan Library&Museum)
I 帝國大廈
(Empire State Building)
J 韓國城
(Korean Town)

地鐵站名/Path(P)

M1 42-Bryant Pk
(B/D/F/M)
M2 Grand Central-42 St(S)
M3 Grand Central-42 St(4/5/6)
M4 Grand Central-42 St(7)
M5 34 St-Herald Sq(N/Q/R)
M6 33 St(6)
P1 Grand Central Terminal
P2 33rd St

1 Panini Tozt Cafe
2 中央車站美食廣場

　　這棟在電影《明天過後》（The Day After Tomorro）中保護大家的圖書館，是紐約公共圖書館系統之一，真正的名稱是 Stephen A. Schwarzman Building。和一般圖書館給人古板的感覺不同，這裡會讓人忍不住想多停留，好好享受閱讀的時光。除了要參觀圖書館附設的紀念品區，也一定要到有名的 Rose Main Reading Room，欣賞充滿中世紀風情的閱讀室。

世界五大著名圖書館
紐約公共圖書館（美國最大的市立圖書館）、大英圖書館、法國國家圖書館、莫斯科圖書館、美國國會圖書館。

New York Public Library
地址：5th Ave 和 42nd St
網址：www.nypl.org/locations/schwarzman
時間：周一、周四至周六 10:00 ～ 18:00，周二、周三 10:00 ～ 20:00，周日 13:00 ～ 17:00（請注意夏季周日休館）

布萊恩公園（Bryant Park）：（請見 P136）

中央車站（Grand Central Terminal）

　　1913 年 2 月 2 日啟用，是世界上最大的火車站，美國最繁忙的車站之一（每日高達 70 萬人次經過）。在這充滿古典氣息、空間寬敞的車站裡，常常可以看到人來人往的通勤者和不停拍照的觀光客。建議拍照之餘，也別忘了抬頭欣賞天花板的 12 星座星象圖喔！根據紐約媒體 amNY 報導，其實中央車站裡隱藏著 11 個祕密。

SECRET❶ 黑色小補丁（天花板西北角）

　　據說 1990 年修復前的車站，當時被香菸燻黑的天花板，經過整修後，特意留下了小部分黑色塊，讓人們知道中央車站曾經這麼黑過！

SECRET❷ 被火箭戳穿的洞

　　天花板中央，靠近雙魚座的地方，可以看到一個小洞。聽說當時正值美蘇的太空競

迴音廊

賽時期，為讓美國人民知道領先的重要性，所以將 Red stone 火箭展示在車站裡，沒想到因為工作人員的疏失，結果讓大花板開花！

SECRET❸ 價值連城的大鐘

除了車站內那面大大的美國國旗，這座位於詢問處的四面鐘也常是拍照的主角之一。據說這座鐘因為四面鑲有貓眼石，價值超過千萬美元喔！

中央車站市場方便通勤者購物，不過價格相對貴些。

地下樓層還有美食街。

SECRET❹ 早一分鐘的火車時刻表

為了讓追趕火車的乘客趕得及上車，大廳時刻表顯示的時間，比實際出發的時間提早 1 分鐘。

SECRET❺ 大小不一的雙梯

位於東側的雙梯是 1990 年代，仿造另一側 1913 年的雙梯所重建。為了區別建造的時間，所以刻意建造成不同大小。

SECRET❻ 傳聲器的迴音廊

位於車站的 Oyster Bar restaurant 旁，有個設計得美輪美奐的拱形屋頂區，就是迴音廊的所在。若站在一邊角落對著柱子說話，站在對角柱子的朋友可以清楚聽到喔！（試過，無誤！）

SECRET❼ Acorns everywhere

車站由 Vanderbilt 家族所建，因此在車站裡可以看見許多 Acorns 造型的家徽。

SECRET❽ 不一樣的天空

據說接近車站正式啟用時，才發現天花板上描繪的天空，與實際的方向完全相反。

後來解釋是設計師本來的用意，即以神的角度從天上往下看到的天空模樣，所以方向自然是相反的。

SECRET 9 閱讀回收報紙

在《紐約時報》抗議之前，乘客可以從報紙回收桶裡，拿出報紙閱讀。或許《紐約時報》發現這樣有損銷售量，經過抗議之後，現在的回收桶都只進不出囉！

SECRET 10 神祕的房間

在二次大戰期間，有間房間裡有個紅色的按鈕，可以令車站內所有火車停駛。

SECRET 11 大火

1997 年的一場火災吞噬了 Oyster Bar restaurant，並燒毀了裡面將近 80% 的天花板。這些天花板，可是從 1913 年開幕就一直伴隨著餐廳的藝術精品。如今餐廳花了很多時間，重新建造新的天花板。不過仔細觀察，還是可以在右邊稍遠處看到原來老舊的天花板。

除了欣賞車站建築，這裡還有中央車站市場（1F）及美食街（B1），讓趕車的人可以採買食物，可口的 SHAKE SHACK 及起士口味眾多的 Murray's Cheese 都有喔！

價值不菲的四面鐘！

MTA Metropolitan Transportation Authority

> **Grand Central Terminal**
> 地址：87 E 42nd St
> 網址：www.grandcentralterminal.com

中央車站與最佳拍檔
大都會保險公司大樓可是經典珂搭喔！

大都會保險公司大樓（Met Life Building）

緊鄰中央車站的大都會保險公司大樓，是一座現代玻璃帷幕高樓。與古典的中央車站建築聳立在一起，反而意外地成為著名的紐約一景，有許多電影也都選在此處取景。

> **Met Life Building**
> 地址：200 Park Ave

Midtown Comics Grand Central

對於熱愛美國漫畫的粉絲來說，一定不可錯過這家漫畫藏量豐富的店。

> Midtown Comics
> Grand Central
> 地址：459 Lexington Ave

克萊斯勒大樓（Chrysler Building）

彷彿戴著皇冠的克萊斯勒大樓，有如貴婦般聳立在萊辛頓大道（Lexington Ave）。雖然克萊斯勒大樓並不像有些大樓提供遊客參觀的觀景瞭望臺，不過還是可以到大樓大廳內參觀。大廳內通常都會有很多遊客入內拍照。記得抬頭四處望望，欣賞點綴著克萊斯勒大樓華麗內部的壁畫，相當美麗。

> Chrysler Building
> 地址：405 Lexington Ave

Murray Hill

紐約歷史區之一，與 Turtle bay、Kips bay 相連，範圍為 E 34th 到 E 42nd St、第 5 大道到東河。其中紐約市著名的地標，中央車站與克萊斯勒大樓，都座落在 Murray Hill 的範圍內。除了新興的高樓大廈，和各大道交會的街道兩旁還有各式簡約的聯排別墅，襯托出 Murray Hill 的低調。喜歡吃披薩的朋友，這一帶有多樣美味的披薩餐廳可選擇，像是 Rocky's Pizzeria & Restaurant 及 Pizza 33。第 1 大道的附近（E 33rd St 和 E 34th St）有好多紐約客常光顧的早餐店。店內沒什麼裝潢，感覺有點像是臺灣的連鎖早餐店。來份 cheese omelet 及 bagel with cream cheese，享受一杯咖啡，就是一份標準的紐約客早餐囉！

比起帝國大廈，更愛克萊斯勒大樓。

Chrysler BLDG!

113

這家披薩店總類多
分量大又美味!!

雕飾

> **Rocky's Pizzeria & Restaurant**
> 地址：607 2nd Ave
>
> **Pizza 33**
> 地址：489 3rd Ave
> 網址：www.simplemenu.com/menus/pizza33murray

摩根圖書館與博物館（Morgan Library & Museum）：（請見 P219）

帝國大廈（Empire State Building）

　　曾是世界第一高樓，名稱主要來自紐約州的暱稱，帝國州。因為建造時間只花了 410 天（1930 年動工，1931 年落成），被美國土木工程學會評為現代世界七大工程奇蹟之一喔！

　　除了自身的名氣，許多有名的電影也都是在帝國大廈取景，如《西雅圖夜未眠》（Sleepless in Seattle）、攀爬大廈的《金剛》（King Kong），或是關於希臘神話的《波西傑克森》（Percy Jackson）等。建議選擇日落時分到觀景臺，可以同時欣賞日落與夜景。另外，跟臺北的 101 大樓一樣，帝國大廈在不同節日也會有不同的燈光變化。

> **Empire State Building**
> 地址：350 5th Ave
> 網址：www.esbnyc.com
> 時間：08:00 ～ 02:00
> （最後一班觀景臺電梯 01:15）

韓國城（Korean Town）

　　紐約客愛叫它 K-Town。鄰近梅西百貨的韓國城，向來是許多人吃消夜的好去處。雖說是韓國城，其實指的是在 32 街的一條街。這裡除了有許多道地的韓國料理，也有些韓國超市。以前念書時，經常跟三五好友到此吃消夜或逛韓國超市。特別推薦 miss Korea，除了分量大，味道也相當道地。據說店名正是來自老闆想念故鄉的心情！

miss Korea
地址：10 W 32th St
網址：www.misskoreabbq.com

Korean Town
網址：www.newyorkkoreatown.com

好買好吃好逛
in 公園大道周邊

Panini Tozt Cafe（Murray Hill）
美味又可口的熟食店，相當受當地人喜愛，分量多。
地址：589 1st Ave
網址：www.paninitozt.com

中央車站美食
SHAKE SHACK、Oyster Bar & Restaurant、Junior's Cheese Cake 等。

紐約美而美
的早餐分量
大又美味！

中城東
1、2、3 大道的周邊巡禮

　　和中城其他區域較不相同，1、2、3 大道附近大多是商業大樓與住宅區，少了些第 5 大道的時尚感，也沒有時代廣場的熱鬧擁擠。但我卻相當喜歡這區，特別是建於高臺上的都鐸市（Tudor City）社區，會讓人感覺原來紐約也有這樣一處祕境。

推薦
路線

每日新聞大樓（Daily New Building）▶ 都鐸市（Tudor City）▶
聯合國（UN）▶ Beekman Place ▶ Sutton Place 與 Riverview Terrace ▶
有名的巧克力店 Serendipity 3 ▶
口紅大廈（Lipstick Building）與貝果老店 Ess-a-Bagel

每日新聞大樓（Daily News Building）

　　典型的 Art Deco 造型建築，曾是《每日新聞報》的總部。不過該報社已於 1990 年代搬到新的地址。這裡也是 1980 年代《超人》電影中，超人擔任記者的報社《the Daily Planet》的家，大廳中還有許多當時拍片的照片。另外大廳中的旋轉地球儀，是全世界最大的室內地球儀喔！

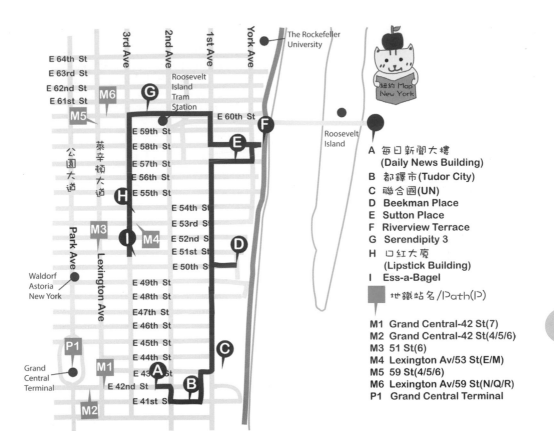

3rd Ave
2nd Ave
1st Ave
York Ave

The Rockefeller University

紐約 Map
New York

E 64th St
E 63rd St
E 62nd St
E 61st St
M6
M5

G

Roosevelt
Island
Tram
Station

E 60th St

F

Roosevelt
Island

E 59th St
E 58th St
E 57th St
E 56th St
E 55th St

E

公園大道

萊辛頓大道

H

E 54th St
E 53rd St
E 52nd St
E 51st St
E 50th St

M3
I
M4

D

Park Ave
Lexington Ave

Waldorf
Astoria
New York

E 49th St
E 48th St
E 47th St
E 46th St
E 45th St
E 44th St
E 43rd St

P1
M1

C

A

Grand
Central
Terminal

E 42nd St
E 41st St

B

M2

A 每日新聞大樓
  (Daily News Building)
B 都鐸市 (Tudor City)
C 聯合國 (UN)
D Beekman Place
E Sutton Place
F Riverview Terrace
G Serendipity 3
H 口紅大廈
  (Lipstick Building)
I Ess-a-Bagel

■ 地鐵站名/Path(P)

M1 Grand Central-42 St(7)
M2 Grand Central-42 St(4/5/6)
M3 51 St(6)
M4 Lexington Av/53 St(E/M)
M5 59 St(4/5/6)
M6 Lexington Av/59 St(N/Q/R)
P1 Grand Central Terminal

每日新聞大樓，全世界最大的室內地球儀

Daily News Building
地址：220 E 42nd St

Daily Planet

電影《超人》中的主角就是在這上班！

從都鐸市拍攝東河

都鐸市（Tudor City）

都鐸市，紐約的法定歷史區之一。前往都鐸市有兩個入口，一是沿著 42 街往東河方向走，接近第 1 大道時，兩旁有階梯，拾級而上，就可以到達建於高臺上的都鐸市；另一方式則是從聯合國對面的樓梯而上。社區面積不大，還有一大片公園綠地（Ralph Bunche Park），我們走訪時正值午餐時間，發現有許多上班族在公園內享用午餐。

Tudor City
地址：East end of 42nd St

從這裡可以眺望前方的聯合國，是一處拍攝聯合國與東河的好地點。

聯合國（UN）

有機會可以到臺灣尚不在其中的聯合國總部瞧瞧。如果沒時間仔細參觀，可以到這裡的郵局寄張明信片給自己或親友，上面會有聯合國專屬的郵票與郵戳喔！

聯合國前抗議人群

⊘ UN
✎ 地址：1st Ave
🔗 網址：visit.un.org
注意事項：
1. 5 歲以下兒童不能參觀。
2. 周末沒有導覽團，部分假日關閉。
3. 根據 UN 官網聲明，前去聯合國時須
   事先上網購票，總部內不售票。

Beekman附近很多
這樣可愛的房子。

Beekman Place

　　有時間可以到這附近走走，高樓不多，讓人暫時脫離中城的水泥叢林。其中 21 Beekman Place，這棟紅磚建築是美國的景觀建築師 Ellen Biddle Shipman 所設計。她花了

7 年時間改造房子，或許是職業病使然，改建工程也順便讓周圍環境變得更加美麗。

　　和 Beekman Place 一樣，Sutton Place 也是充滿傳統紅磚屋的地方，同時也是許多名人高官居住的地方，像是 3 Sutton Place 就是聯合國祕書長的官邸。如果想要拍攝皇后大橋（Queensboro Bridge），可以到 Sutton Sq 和 Riverview Terrace 的交會處。

　　而 Riverview Terrace 則是位於 Sutton Place 內的豪宅區，可以俯瞰東河景致。據說這裡的住戶基於安全原因，曾經拒絕美國前總統尼克森的入住呢！

> **Beekman Place**
> 範圍：49-51th St，介於 1st Ave 與東河（East River）
>
> **Sutton Place**
> 範圍：53-59th St，介於 1st Ave 與東河（East River）

有名的熱巧克力店 Serendipity 3

　　2001 年電影《美國情緣》（Serendipity）中有名的熱巧克力店，已有 60 年歷史。可愛小巧的裝潢，吸引許多女性顧客，不少名人也是此處的座上客。到這裡記得必點招牌 frozen hot chocolate。

> **Serendipity 3**
> 地址：225 E 60th St
> 網址：www.serendipity3.com

口紅大廈與貝果老店（Lipstick Building & Ess-a-Bagel）

　　口紅大廈完成於 1986 年，因為外型像是口紅的奇特造型而有此名。距離口紅大廈幾分鐘路程，則是著名的紐約貝果老店 Ess-a-Bagel。如果想享用傳統紐約風的貝果，那麼來這裡就沒錯。另外久居紐約的好友推薦位在第 1 大道的原始老店，特別是剛剛出爐的貝果，味道最棒！

> **Lipstick Building**
> 地址：885 3rd Ave
>
> **Ess-a-Bagel**
> 地址：831 3rd Ave ／ 359 1st Ave
> 網址：www.ess-a-bagel.com

Lip Stick Building

外觀就像旋轉式的口紅。

Ess-a-Bagel

中城西·
劇院區，有空，還是得看齣劇！

　　每年進行倒數計時的活動，五光十射的霓虹燈招牌，兩旁的百老匯劇院，以及車水馬龍的街道，是大家對時代廣場的印象。被稱為「世界的十字路口」的時代廣場，除了劇院林立，還有許多小朋友喜愛的店，像是玩具反斗城、M&M 世界、賀喜巧克力店與迪士尼專賣店，在這裡都可以一次逛得盡興。

推薦
路線

Needle Threading a Button 裝置藝術 ▶
《獅子王》之 New Amsterdam Theater ▶
派拉蒙大廈（Paramount Building）▶
《歌劇魅影》之 Majestic Theater ▶
現存最老百老匯戲院·Lyceum Theater ▶
時代廣場（Time Square）和杜菲廣場（Duffy Square）▶
M&M 巧克力世界 ▶ 大大的 HOPE 裝置藝術 ▶
大大的 LOVE 裝置藝術 ▶
卡內基音樂廳（Carnegie Hall）

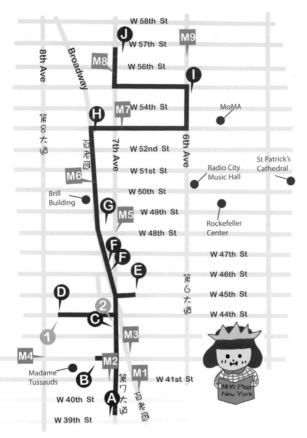

●	A Needle Threading a Button
	B New Amsterdam Theater
	C 派拉蒙大廈
	(Paramount Building)
	D Majestic Theater
	E Lyceum Theater
	F Time Square,Duffy Square
	G M&M巧克力世界(M&M's World)
	H Hope Sculpture
	I Love Sculpture
	J 卡內基音樂廳(Carnegie Hall)
■	地鐵站名

M1 Time Sq-42 St(N/Q/R)
M2 Time Sq-42 St(7)
M3 Time Sq-42 St(S)
M4 42 St-Port Authority Bus Terminal
   (A/C/E)
M5 49 St(N/Q/R)
M6 50St(1)
M7 7 Av(B/D/E)
M8 57 St-7Av(N/Q/R)
M9 57 St(F)

●

1 John's of Time Square
2 BUBBA GUMP

轉轉紐約

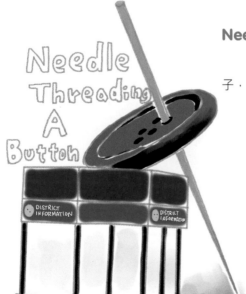

Needle Threading a Button 裝置藝術

著名的設計學院 Parsons 對面的巨大針線扣子，旁邊還有個裁縫師雕像。

Needle Threading a Button
地址：W 39th St 和 7th Ave

New Amsterdam Theater

　　1995 年被迪士尼公司購買並成為旗下音樂劇表演的地方,《獅子王》音樂劇即在此表演。

> New Amsterdam Theater
> 地址：1501 Broadway

派拉蒙大廈
(Paramount Building)

　　這棟 Art Deco 風格的建築,建於 1927 年,原是作為派拉蒙電影的總部。完工時,是時代廣場當時最高的建築物。建築物內原先作為劇院的空間,現已成為了 Hard Rock Cafe。

> Paramount Building
> 地址：214 W 42nd St

Majestic Theater

　　這裡上演我最愛的百老匯劇,劇院裡的氛圍與《歌劇魅影》的內容巧妙地結合一起。《歌劇魅影》是目前上演檔期最長的百老匯劇,已在此上演超過 1 萬場表演了!

> Majestic Theater
> 地址：245 W 44th St

Lyceum Theater

　　和 New Amsterdam Theater 同為現存最古老的百老匯劇院,外觀仍保持著當初的設計,相當華麗貴氣。

> Lyceum Theater
> 地址：149 W 45th St

時代廣場 (Time Square)

　　時代廣場上五光十色的螢幕招牌,一直是紐約的標誌,尤其跨年時,倒數完看著陣陣紙花落下的場景,是許多人迎接新年的方式。老實說,在紐約念書的那兩年,完全沒有到時代廣場參加跨年。雖然很想去現場感受熱鬧的氣氛,不過想到要在那人群洶湧中突圍而出找洗手間,就夠讓我望而卻步了。雖說未曾到時代廣場參加跨年,不過卻很常

到這裡看百老匯劇。正如義大利的歌劇，百老匯劇則是紐約藝術的代表之一。

　　時代廣場，其實最初名為長畝廣場（Longacrer Square），主要是馬商、鐵匠和馬廄的聚集地。至於為什麼改稱時代廣場（其實有一說應該翻譯成時報廣場），則是因為 1905 年《紐約時報》總部遷至西 43 街的 229 號。從 1883 年大都會劇院進駐此地開始，才帶動了這裡的劇院表演風氣。然而，二次大戰後的時代廣場卻變成了紅燈區，原先知名的劇院成了脫衣舞秀場，街上治安惡化。直到紐約市政府重新整頓淨化，才重新恢復時代廣場舊時的榮光，慢慢地蛻變成我們現在熟悉的景象。如今在此，不僅可以欣賞許多不同的戲劇表演，還有許多有趣的街頭藝人表演。另外到此欣賞霓虹燈閃爍的宣傳看板，也是一種特別的體驗。

　　想了解時代廣場的歷史與資訊，也可以到附近的 Time Square Museum and Visitor Center 獲取資料。

> **Time Square Museum and Visitor Center**
> 地址：1560 Broadway

杜菲廣場（Duffy Square）

　　拍攝時代廣場的最佳位置，除了總是大排長龍的 tkts，還有玻璃 Stairway to nowhere 的位置，供人坐著欣賞時代廣場的熱鬧景致。請留意，這裡有許多絨毛娃娃裝扮或角色扮演的人，會表示可以合照，但事前並不說明須付小費，卻會在拍照後要求小費。雖然不用給太多，但還是有點強迫推銷的感覺。我也因為這樣而被收了兩個娃娃的小費，不過有個女生更慘，一次被五個人包圍拍了合照，然後被要求付錢。所以如果不打算付小費，切記不要主動跟他們拍合照，也不要對著他們拍照喔！

> **Duffy Square**
> 地址：Broadway 和 7th Ave、
> 45th St、47th St

TIMES SQUARE FOR REAL!!!

PERRY YAHAV
GIVAT SHMUEL

AMERICAN EAGLE OUTFITTERS

先跟你熱情
打招呼!
表示可以拍照!!

①

TIPS PLEASE

拍照後就
出示要求
小費的牌子!
要小心喔

②

tkts
a service of Theatre Development Fund

tkts
電子螢幕
顯示當天表演
票價折扣,一
目了然。
除了tkts,還
可到某些售票現
網或開演前有
場買,也會場一
些折扣。

BROADWAY
BOOTH 50% ? Cabaret
BOOTH 50% ? Hedwig and The Angry Inch
BOOTH 50% Les Misérables
BOOTH 50% ? Love Letters
BOOTH 50% Mamma Mia!
BOOTH 50% Matilda The Musical
BOOTH 50% Motown the Town
PM 50% Once
PM 50% Pippin
PM 50% ? The Country House
rice tickets for future performances are ava
at Window at

M&M 巧克力世界（M&M's World）

即使你不愛巧克力，也別錯過時代廣場的 M&M 巧克力世界。3 層樓的店鋪，除了五顏六色的 M&M 巧克力，還有許多 M&M 主角商品及公仔。

如果有打算到此採購的人，別忘了紐約許多免費刊物上，都有 M&M 巧克力世界的 85 折優惠券，請妥善利用。

附近的 Brill Building 也是有名的 Art Deco 建築。最初命名為 The Alan E. Lefcourt Building，因為建造時，發展商 Abraham Lefcourt 原是想贈送給最愛的兒子 Alan，結果尚未完工，Alan 卻在 17 歲時過世。建築物的正門有個年輕人的銅像，就是以 Alan 為藍本。

M&M's World
地址：1600 Broadway
網址：www.mmsworld.com

Brill Building
地址：1619 Broadway

HOPE&LOVE 裝置藝術

就像是巴黎的愛情橋，紅色 LOVE 已成為第 6 大道的地標，更是許多情侶到紐約必拍的景點。LOVE 作品附近有家長年張貼 1 折優惠的行李箱店，但根據網路資料，聽說是標高價再打折，大家可要特別留意喔！而 HOPE 則是 LOVE 創作者 Robert Indiana 的另一藝術作品。

LOVE
地址：55th St 和 6th Ave

HOPE
地址：53rd St 和 7th Ave（位在地鐵站 7 Ave 的 B、D、E 線出口旁）

卡內基音樂廳（Carnegie Hall）

1891 年，由當時的鋼鐵大王 Andrew Carnegie 出資建造的第一座紐約大型音樂廳。

轉轉紐約

許多情侶必到之處!

另一新的戶外藝術。

首演之際,邀請了有名的柴可夫斯基擔任客座指揮,吸引大批人潮前往觀賞。直到林肯中心建立前,卡內基音樂廳一直是紐約古典音樂與流行音樂表演的殿堂,著名的披頭四就曾在這舉辦音樂會。

　　除了音樂,卡內基音樂廳的建築也是紐約極少數無金屬架構的全磚石結構大型建築之一,直到後來因為要在表演廳增設樓梯,才以一些金屬構建。

Carnegie Hall
地址:881 7th Ave
網址:www.carnegiehall.org

好買好吃好逛
in 劇院區

John's of Time Square
地址:260 W 44th St
網址:www.johnspizzerianyc.com

BUBBA GUMP
電影《阿甘正傳》的蝦餐廳。

中城西 Hell's Kitchen，
惡名昭彰的地獄廚房

地獄廚房主要範圍為 30 ～ 59 街，東西各以第 8 大道與哈德遜河為界。曾為大蘋果中最暴力的區域，早期主要是愛爾蘭裔的移民聚集地，許多知名的明星成名前也都待過此區，像是有名的瑪丹娜、James Dean 等。不同於早期的 Hell's Kitchen，如今除了更名為 Clinton，也成為新的高級住宅區。美食愛好者千萬不能錯過 Hell's Kitchen 每年 5 月的 The 9th Avenue International Food Festival；喜歡跳蚤市場者，則可以到 Hell's Kitchen Flea Market 尋寶，跟雀爾喜的跳蚤市場主辦單位相同。

推薦路線

杜菲廣場（Duffy Square）▶
Restaurant Row 與 St. Clement's Episcopal Church ▶
Hell's Kitchen Flea Market（周末）▶
無畏號航空母艦博物館（Intrepid Sea, Air & Space Museum）▶
老酒館用餐，The Landmark Tarven

杜菲廣場（Duffy Square）：（請見 P124）

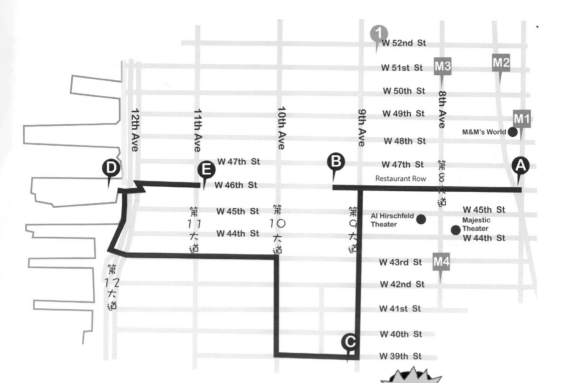

Restaurant Row 與
St. Clement's Episcopal Church

　　介於第 8 大道和第 9 大道的 46 街，由於整條街集合了許多異國料理餐廳，完全是餐廳一條街，因此也被稱作 Restaurant Row。這裡靠近百老匯劇院區，所以成為觀眾看戲前後覓食的最佳去處。位在餐廳林立的 46 街上的 St. Clement's Episcopal Church，身兼教堂及劇院，亦是紐約第三古老且仍舊經營的外百老匯劇戲院。

Restaurant Row
網址：www.restaurantrownyc.com/index_nm.html

St. Clement's Episcopal Church
地址：423 W 46th St

A　**Duffy Square**
B　St. Clement's Episcopal Church
C　**Hell's Kitchen Flea Market**
D　無畏號航空母艦博物館
　　(The Intrepid sea, Air & Space Museum)
E　**The Landmark Tarven**

 地鐵站名

M1　49 St(N/Q/R)
M2　50 St(1)
M3　50 St(C/E)
M4　42 St-Port Authority
　　Bus Terminal(A/C/E)

1　**Totto Ramen**

St. Clement's Episcopal Church

Hell's Kitchen Flea Market：
（請見 P230）

無畏號航空母艦博物館
（**Intrepid Sea, Air & Space Museum**）：（請見 P219）

紐約小學堂

為什麼叫地獄廚房？

關於 Hell's Kitchen 名稱的由來，有許多謠傳，其中最有名的一說，則是跟警察有關。據說有兩名警察當時看著發生在西 39 街和第 10 大道的小暴動，年輕的警察說了一句：「這地方真是地獄。」（This place is hell itself.）結果名叫 Fred 的老警察卻跟他說：「稱地獄太輕描淡寫了，這裡根本是地獄的廚房。」（Hell's a mild climate. This is Hell's kitchen.）

The Landmark Tarven

這家餐廳是我們參觀完航空母艦博物館後，隨機找到的餐廳，結果食物意外好吃，特別是雞肉捲及薯條相當美味，價格也合理。

> The Landmark Tarven
> 地址：626 11th Ave
> 網址：www.thelandmarktavern.org

中城區神秘的小門？

走在紐約街頭，會不經意發現牆壁上出現一些小門。後來才知道這些小門，其實是藝術家 Cynthia von Buhler 的粉絲所製作。這些門可遇不可求，得睜大眼睛瞧瞧四周。據說 W 37th St 和 10th Ave 路口有，若是經過，不妨前去看看。

好買好吃好逛 in 地獄廚房

第 9 大道國際美食節
（The 9th Avenue International Food Festival）

地點：9th Ave（介於 42nd 和 57th St）
網址：www.ninthavenuefoodfestival.com
時間：每年 5 月，詳情請查詢官網。

Totto Ramen

鳥人集團旗下拉麵店，有多家分店。
地址：366 W 52nd St
網址：tottoramen.com

中城西‧時裝區

　　介於第 6 和第 8 大道，西 30 街到 42 街，統稱為服裝區或時尚區（Garment District / Fashion District），其中第 7 大道被稱為時尚大道（Fashion Ave），而第 6 大道附近則有許多材料行。時裝區過去曾是美國服裝製造業的中心，後來因為服裝製造業移至海外，導致本區規模縮減許多。

　　除了梅西百貨附近，時裝區的遊客並不多，不過若想要買些設計師打折品，這裡有時會有些 Sample Sale，只是商品好壞見仁見智。

推薦路線

郵政總局（James A. Farley Post Office）▶
賓州車站（Penn Station）與麥迪遜廣場花園（Madison Square Garden）▶
梅西百貨（Macy's）▶
先驅廣場（Herald Square）與格里利廣場（Greeley Square）美食市集

郵政總局（James A. Farley Post Office）

　　對於紐約郵政總局的第一印象，相信很多人都會被它那壯觀的建築所吸引，與其說

W 37th St
W 360th St
6th Ave
Broadway
7th Ave
8th Ave
M1
W 35th St C D
M3
M4
Empire State Building
W 34th St
M2
W 33rd St
B
Hotel Pennsylvania
A
W 32nd St W 32nd St
W 31st St
第 8 大 道
第 7 大 道
第 6 大 道
百 老 匯
W 30th St W 30th St
Chelsea Marketolace
W 29th St

紐約 Map
New York

它是郵局,更像是希臘羅馬時期的皇宮,其中最著名的是雕刻在柱廊上、76 公尺長的勵志標語:「Neither snow nor rain nor heat nor gloom of night stays these couriers from the swift completion of their appointed rounds.」

郵政總局很像護城河的地方!

A 郵政總局
(James A. Farley Post Office)
B 賓州車站(Penn Station),
麥迪遜廣場花園
(Madison Square Garden)
C 梅西百貨(Macy's)
D Herald Square
E Greeley Square

地鐵站名

M1 34 St-Penn Station
(A/C/E)
M2 34 St-Penn Station
(1/2/3)
M3 34 St-Herald Sq
(B/D/F/M)
M4 34 St-Herald Sq
(N/Q/R)

1 Korean Town(韓國城)

James A. Farley Post Office
地址:421 8th Ave

紐約以前也亂拆古蹟!!

賓州車站（Penn Station）與 麥迪遜廣場花園（Madison Square Garden）

　　人流繁忙的賓州車站，主要作為紐約市通往美國各大城市的樞紐，和中央車站並列美國最繁忙的車站。之前經歷過鐵路客運大蕭條，因此拆除了富有建築特色的車站大廳，當時還引起紐約民眾反彈，沒想到紐約也曾經歷過破壞歷史建築的時期。

　　與賓州車站相鄰的麥迪遜廣場花園，雖名為花園，其實是座多功能體育館，美國職籃 NBA 球賽就是在此舉行。除了球賽，也是許多演唱會及表演的場地。我曾在此欣賞《小氣財神》（A Christmas Carol）的表演，相當精采！

> Madison Square Garden
> 地址：4 Pennsylvania Plaza

紐約小學堂

The Landmarks Preservation Law

1963 年前後，紐約市拆除了兩棟經典的建築——Old Penn Station 及金融區的 The Singer Building，這兩起事件導致保護地標性建築的法律《The Landmarks Preservation Law》通過。而法令的通過，也讓中央車站免於 1967 年的拆除提議。

梅西百貨（Macy's）

　　直到 2009 年南韓釜山的 Shinsengae Centum City 百貨公

> Macy's
> 地址：151 W 34th St
> 網址：www.macys.com

司建立前，梅西百貨一直是全世界最大的百貨公司。我們熟悉的梅西百貨感恩節遊行，其實最早是在 1924 年舉辦，而且當時遊行的隊伍成員來自中央公園的動物園，直到 1927 年，才改成以大氣球造型。早期的遊行，梅西百貨最後會將氣球放到天空，若是找到這些氣球的人，可以到梅西領取禮券，不過這項活動後來因為安全理由而終止。還記得電影《34 街的奇蹟》（ Miracle On 34th Street ）中的聖誕老人及那古靈精怪的小女孩嗎？電影中的百貨公司就是梅西百貨。

先驅廣場（Herald Square）

Herald Square 名稱來自 The New York Herald Newspaper。由於之前紐約市長彭博（ Michael Bloomberg ）的推動，梅西百貨前的 Herald Square 已經整個封路，成為人們休閒的區域。廣場裡有著做工精美的雕像群，分別為智慧女神 Minerva、貓頭鷹、兩名鐵匠 Stuff 和 Guff 敲打著鐘。

> Herald Square
> 地址：梅西百貨旁

格里利廣場（Greeley Square）

格里利廣場是為了紀念 Horace Greeley，New York Tribune 的創立者，他同時也是反對奴隸制度的名人。許多人喜歡在這處小而舒適的地方休息，廣場裡固定有美食市集，若是晚上前往會更加熱鬧喔！有種臺灣夜市的感覺。

好買好吃好逛
in 時裝區

Greeley Square
地址：6th Ave 和 Broadway 的
　　　交會處

★ 賓州車站地下美食街與商場
★ Greeley Square 美食市集或
　 韓國城

公園時間

布萊恩公園（Bryant Park）

　　位在紐約公共圖書館旁的布萊恩公園，是座小型的公園，也是許多上班族午休吃飯
的地方。公園內常年有不同的活動，夏天是天籟音樂會場地，冬天則化身成為溜冰場和
氣氛十足的聖誕市集，也是採購聖誕節用品的去處之一。到了紐約時裝周，則聚集了全
世界知名的設計師與名人，星光熠熠。有時還會碰到要結婚的新人在此拍照！

136

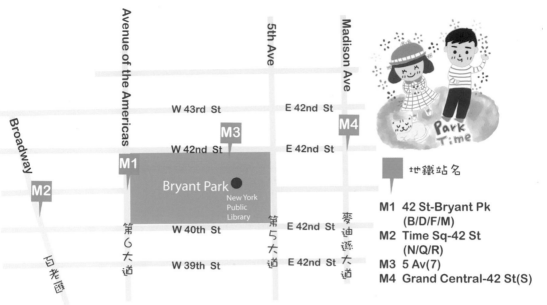

Avenue of the Americas

5th Ave

Madison Ave

Broadway

W 43rd St

E 42nd St

M3

M4

W 42nd St

E 42nd St

M1

Bryant Park

New York
Public
Library

M2

第６大道

W 40th St

第５大道

E 42nd St

麥迪遜大道

百老匯

W 39th St

E 42nd St

Park
Time

 地鐵站名

M1 42 St-Bryant Pk
    (B/D/F/M)
M2 Time Sq-42 St
    (N/Q/R)
M3 5 Av(7)
M4 Grand Central-42 St(S)

137

Le Carrousel

冬天Bryant Park
就會變成紐約客的
溜冰場喔!!

這棟金碧輝煌
的大樓現為
Bryant Park
Hotel!

American
Radiator
Building

Bryant Park
地址：6th Ave（介於 W 40th
      和 W 42nd St）
網址：bryantpark.org

NEW YORK NEW YORK NEW YORKNEW

3 uptown

Inwood
Fort
George
Washington
Heights
Hamil
Heights
Central Park
Upper
West
Side
Upper
East
Side
Midtown
East
Midtown
West
Chelsea
Flatiron
District
Gramercy Park
Greenwich Village
West Village
No
Ho
East
Village
SoHo
Tribeca town
China
town
Lower
East
Side
Fiancial
District

NEW YOR
K NEW YO
ORK NEW
Y YORK 第三步

曼哈頓上城區：既悠閒又優雅

上城（Uptown）主要分為三大區。高調奢華的上東區（領事館林立），這裡生活格調就像電影《第凡內早餐》或是影集《慾望城市》及《花邊教主》裡所描繪的奢豪世界。低調文藝風的上西區，著名的約翰藍儂公寓與草莓園（Strawberry Field）就位於此區。另外，當然還包括紐約客的最愛、大蘋果的後花園——中央公園。

上東城·
上東城歷史區

　　自 19 世紀末以來，披上貴族般面紗的上東城歷史區，一直是美國有錢人的聚集地。其中環繞著中央公園的房子，更是許多富豪首選。興建面對中央公園豪宅這個潮流的幕後推手，其實是 Astor 家族的 Caroline Astor。1893 年她決定從 34 街搬遷到上東城，並興建自家豪宅，此舉引起當時許多名門家族仿效，如 Vanderbilt 家族。歷史區主要範圍為 59 ～ 78 街，介於第 5 大道與 Lexington 大道。

推薦
路線

（這裡所介紹的博物館請見第五步）
廣場飯店（Plaza Hotel）▶ 愛書人聖地 Grolier Club ▶ 美國插畫博物館（Museum of American Illustration）▶ 小羅斯福總統的家（Roosevelt House）▶ 公園大道軍械庫（Park Avenue Armory）▶ 弗里克收藏博物館（Frick Collection）▶ 惠特尼美術館（Whitney Museum of American Art）▶ Alexander Calder's Terrazzo Sidewalk

廣場飯店（Plaza Hotel）

　　若說自由女神是紐約的代表，那麼廣場飯店則是奢華紐約的代表。位於第 5 大道與

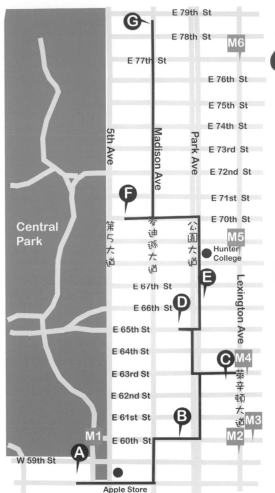

E 79th St
E 78th St M6
E 77th St
E 76th St
E 75th St
E 74th St
E 73rd St
E 72nd St
E 71st St
E 70th St
M5
Hunter College
E 67th St
E 66th St
E 65th St
E 64th St
E 63rd St
E 62nd St
E 61st St
E 60th St
M1
W 59th St

5th Ave　第5大道
Madison Ave　麥迪遜大道
Park Ave　公園大道
Lexington Ave　萊辛頓大道
Central Park
Apple Store

紐約Map New York

A　Plaza Hotel
B　Grolier Club
C　Museum of American Illustration
D　Roosevelt House
E　Park Avenue Armory
F　The Frick Collection
G　Alexander Calder's Terrazzo Sidewalk

地鐵站名

M1　5 Av/59 St(N/Q/R)
M2　59 St(4/5/6)
M3　Lexington Av/59 St(N/Q/R)
M4　Lexington Av/63 St(F)
M5　68 St-Hunter College(6)
M6　77 St(6)

141

59 街，和中央公園相鄰，因東臨大軍團廣場（Grand Amy Plaza），因而得名廣場飯店。許多電影，像是《小鬼當家 2》或《西雅圖夜未眠》，到近期的熱門美劇《花邊教主》，都曾在此取景。雖然廣場飯店高貴得讓人望而卻步，但從 59 街進入的 The Plaza Food Hall，廣場飯店的美食街卻可以享用到價格平實的午餐或下午茶。廣場飯店的美食街比起一般美食街更加精緻，所設的店也相對高檔許多。像是有名的 No.7 Sub 或威廉斯堡熱賣的 Luke's Lobster，這裡都有。若喜歡英國繪本 Eliosh，這裡也有粉紅色系

THE PLAZA FOOD HALL

有許多美食在此！

的可愛專門店喔！

如果想拍攝飯店全景，中央公園的 The Pond 是個不錯的拍攝位置。

Plaza Hotel
地址：768 5th Ave
網址：www.fairmont.com/the-plaza-new-york/dining/the-plaza-food-hall

Grolier Club

在紐約有許多高級私人俱樂部，其中多數聚集在紐約 Grand Amy Plaza 北面。平常這些場所應該只有類似《花邊教主》裡的主角才可以進出，不過還是有少數對外開放，Grolier Club 就是其一。對於愛書人來說，Grolier Club 是座藏書閣，成立於 1884 年。最初是作為文學社團，是北美現存最古老的 bibliophilic club。除了許多珍貴的藏書，這裡還有許多有趣、與書籍或文字相關的展覽。

Grolier Club
地址：47 E 60th St
網址：www.grolierclub.org

小羅斯福總統的家（Roosevelt House）

熟悉美國歷史的人，對於這位連任四屆、患有小兒麻痺的小羅斯福應該不陌生。這棟位於上東城的豪宅曾是他的住所，現在為 Hunter College 所有，並開放參觀，讓大家可以透過他的故居，了解這位帶領美國人度過大蕭條的總統的日常生活點滴。

Roosevelt House
地址：47-49 E 65th St
網址：www.roosevelthouse.hunter.cuny.edu
時間：周六有 drop-in tours（10:00、12:00、14:00），
　　　其他時間需事先預約，詳情至網站查詢。

公園大道軍械庫（Park Avenue Armory）

位於公園大道上，這棟看似城堡、帶有古典美的紅磚建築，其實是前美國第七軍團的軍械庫所在。不過從 2007 年以來，此處成為上東城新藝術文化空間。這裡除了定期舉行展覽，還保留了軍械庫時期的一些房間原貌，很值得參觀。畢竟光是建築本身，就是件精緻的藝術品！

Park Avenue Armory
地址：643 Park Avenue
網址：www.armoryonpark.org

轉轉紐約

Alexander Calder's Terrazzo Sidewalk

　　身處紐約，幾乎到處可見各種戶外藝術，不過人行道藝術卻相當少見。由公共藝術大師 Alexander Calder 所設計，1970 年安裝，充滿黑白線條、曲線造型的人行道，確實很有意思。話說當我拍照時，還引起路人側目。拜託，這可是藝術啊！另外，2002 年維修此人行道時，可是花費了高達 10 萬美元喔！真的是名副其實地將錢踩在腳下！

> Alexander Calder's Terrazzo Sidewalk
>
> 地點：位在 Madison Ave 上

公共藝術大師 Alexander Calder

紐約小學堂

　　Alexander Calder，美國雕刻家，他破除了傳統對雕塑的刻板印象，利用鐵絲、鋼片、各種豐富的顏色，創作出所謂的立體圖畫空間，當時有位藝術家稱此創新方法為動態雕塑（mobile），這些可愛且抽象的作品讓我想到米羅的畫作。其實 Alexander Calder 的作品比他本人更為人所知，所以常常是大家看到他的作品，就會有種「啊！原來這是他的作品！」的感覺。

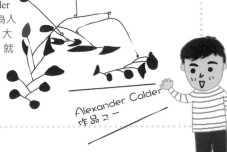

Alexander Calder 作品ㄛ~

上東城·Carnegie Hill 與博物館大道

　　這區主要範圍是在 86 ~ 96 街之間（介於第 5、3 大道）。許多世界級博物館就位於此區，統稱為博物館大道（Museum Mile），這部分會在第五步中另外單獨介紹。

　　Carnegie Hill 的名字是來自建造豪宅（現為 Cooper Hewitt Museum）的主人——Andrew Carnegie。這一區是曼哈頓具代表性的豪宅區，特別是沿著公園大道散步，可以看到各式風格的老建築，其中有許多現已變身為學校或博物館。

　　漫步此區，建議可以先到大都會博物館外的餐車區，買份餐點然後坐在階梯上享用。等到養足精神，餵飽肚子，再慢慢暢遊博物館大道。

推薦路線

　　建議去大都會博物館的行程，至少預留半天或一天時間參觀。博物館的詳細介紹請見第五步。
Ukrainian Institute of America ▶ 大都會博物館（The Met）▶ 新畫廊（Neue Galerie）▶ 古根漢博物館（Guggenheim Museum）▶ National Acadmey of Design ▶ 古柏惠特博物館（Cooper Hewitt Museum）▶ Otto and Addie Kahn Mansion ▶ 猶太博物館（Jewish Museum）▶ 可愛的木建築．Clapboard House ▶ 飲食書店．Kitchen Arts & Letters

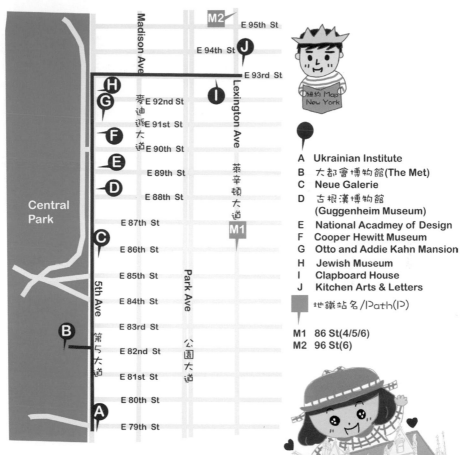

A Ukrainian Institute
B 大都會博物館(The Met)
C Neue Galerie
D 古根漢博物館
(Guggenheim Museum)
E National Acadmey of Design
F Cooper Hewitt Museum
G Otto and Addie Kahn Mansion
H Jewish Museum
I Clapboard House
J Kitchen Arts & Letters

地鐵站名/Path(P)

M1 86 St(4/5/6)
M2 96 St(6)

Ukrainian Institute of America

　　抵達大都會博物館之前，一定會被一旁各具特色的建築吸引，特別是這棟充滿歐風的大宅。這是 1897 年銀行家 Isaac Fletcher，邀請當時頗負盛名的建築師 C.P.H. Gilbert 為其設計在紐約的家，目前作為推廣烏克蘭藝文的地方。雖然 Ukrainian Institute 對面的鄰居 The Met，通常都是大家眼中的焦點，不過這棟猶如貴婦般的華麗宅第也十分搶眼。

Ukrainian institute

Ukrainian Institute of America
地址：2 E 79th St
網址：ukrainianinstitute.org
時間：周二至周日 12:00 ～ 18:00，周一休館。
建議門票：5 美元

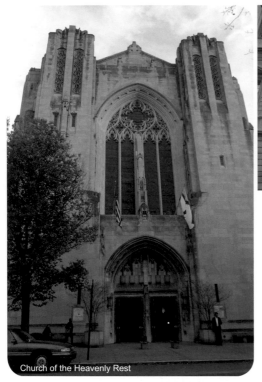
Church of the Heavenly Rest

Otto and Addie Kahn Mansion

　　沿著博物館大道漫步，其實除了博物館，這條路線還有相當多值得細細品味的老建築，像是這棟石灰岩面、充滿新義大利文藝復興風格的建築，就是一個很好的例子。於 1918 年完工，屋主是當時一位移民到美國的德國銀行家 Otto Kahn。豪宅總共有 80 個

房間（也太多了吧）。在 Otto 過世後，他的夫人 Addie 將它賣給一家修道院，如今這棟房子作為女子學校之用。鄰近的美麗教堂就是 Church of the Heavenly Rest。

> Otto and Addie Kahn Mansion
> 地址：1 E 91st St

Clapboard House

　　1866 年興建，屬於罕見的木板外牆建築。1830 年代後，由於紐約慢慢減少這種木建築，所以在曼哈頓已經很少見到這樣的房子。如果對這類建築有興趣，Clinton Hill、Fort Greene 及 Brooklyn Heights 也都有許多類似的建築。

> Clapboard House
> 地址：128 E 93rd St

Clapboard House

曼哈頓少數木建築。

Kitchen Arts & Letters

　　若熱愛美食或烹調，記得去這家位於紐約上東城的主題書店。這裡主要販售食物相關書籍，相當特別。

Kitchen Arts & Letters
地址：1435 Lexington Ave
網址：kitchenartsandletters.com/bookstore

上東城‧
來自五湖四海的約克維爾區

今日約克維爾區（Yorkville）也許不是遊客耳熟能詳的觀光地區。不過早期美國獨立戰爭時，它可是扮演著重要角色，華盛頓在戰爭之際曾在此部署重兵。到了 19、20 世紀之際，這裡主要是工薪階層居住的區域，以及許多來自下東城移民者的聚集地。跟過去的下東城類似，上東城的約克維爾區同樣是一個民族大熔爐，來自德國、愛爾蘭、捷克或匈牙利的移民，都曾是這裡的一分子。

推薦路線

Cafe D'Alsace ▶ 城堡般的教堂，Church of the Holy Trinity ▶ 採買野餐食物，Schaller & Weber 與 Glaser's Bake Shop，或到 Heidelberg 用餐 ▶ St. Joseph's Catholic Church ▶ 可愛的小徑，Henderson Place ▶ Carl Schurz Park 與紐約市長的家 Gracie Mansion

Cafe D'Alsace

或許是位於德國食品與餐廳環繞的區域，Cafe D'Alsace 雖然賣的是法國料理，不過和印象中少量、擺盤精美的法國料理不同，反而呈現德式料理的賣相，而且分量充足。

> Cafe D'Alsace
> 地址：1695 2nd Ave
> 網址：www.cafedalsace.com

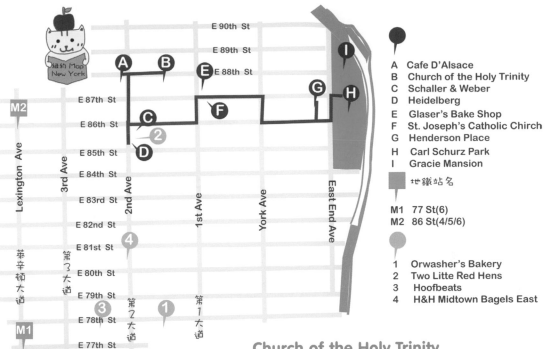

M2
Lexington Ave
3rd Ave
2nd Ave
1st Ave
York Ave
East End Ave
萊辛頓大道
第3大道
第2大道
第1大道

E 90th St
E 89th St
E 88th St
E 87th St
E 86th St
E 85th St
E 84th St
E 83rd St
E 82nd St
E 81st St
E 80th St
E 79th St
E 78th St
E 77th St
M1

A　Cafe D'Alsace
B　Church of the Holy Trinity
C　Schaller & Weber
D　Heidelberg
E　Glaser's Bake Shop
F　St. Joseph's Catholic Chirch
G　Henderson Place
H　Carl Schurz Park
I　Gracie Mansion

地鐵站名

M1　77 St(6)
M2　86 St(4/5/6)

1　Orwasher's Bakery
2　Two Litte Red Hens
3　Hoofbeats
4　H&H Midtown Bagels East

Church of the Holy Trinity

　　尋找 Schaller & Weber 德國食品雜貨店時,偶然邂逅這座美麗教堂。城堡外觀一般,占地相當廣。建築物本身與這裡其他教堂有點不同,有著酒紅色尖塔與偏橘色外牆。那些看似年代久遠的木門與雕刻,頗具歷史韻味。教堂正門處還有長椅供人歇歇腳。

Church of the Holy Trinity
地址:316 E 88th St

好像城堡喔

Church of the Holy Trinity

Schaller & Weber

人氣超旺的 Schaller & Weber
德國食品雜貨店。外觀雖不起眼，
卻是許多人採買德國商品的地點，
與其說它是家肉店，不如說是家德
國雜貨商店。

有名的德國
食品雜貨店

Schaller & Weber

Schaller & Weber
地址：1654 2nd Ave
網址：www.schallerweber.com

Glaser's Bake Shop

這家原本不在我的約克維爾區行程中，
之所以會意外發現這家德國糕點店，是路過
的時候被它可愛的萬聖節櫥窗所吸引。踏入
店內，那種氛圍會令人感覺好像來到宮崎駿
卡通《魔女宅急便》的世界裡。1902 年開店，
老闆是位友善的老太太，店裡打包糕點的方式也相當懷舊有趣。我買了甜甜圈與巧克力
布朗尼，太美味！真是意外的收穫！

好像回到過去的糕點店，
充滿歷史韻味的店內。

Glaser's Bake Shop
地址：1670 1st Ave
網址：www.glasersbakeshop.com

量多，而且好多
酸菜馬鈴薯。

Heidelberg

　　已有好幾十年歷史的德國餐廳，外觀承襲了德國鄉村風格。連知名美食評鑑 Zagat 也曾介紹，來到這裡，彷彿回到舊時的德國用餐。來此當然得品嘗傳統德國美食——豬腳與香腸。我前來用餐時，高高瘦瘦的服務生，穿著可愛的即膝吊帶褲，真有種置身歐洲童話世界的感覺。店裡啤酒也很棒，好大一杯，喝了幾口還真有點醉意呢！

Heidelberg
地址：1648 2nd Ave
網址：www.heidelberg-nyc.com

St. Joseph's Catholic Church

　　教堂正面上方的浮雕非常精緻，是帶有翅膀的牛與獅子模樣。另外，教堂有時會舉行音樂會，建議路過時不妨注意一下！

St. Joseph's Catholic Church
地址：404 E 87th St

好細緻的雕工耶的花樣！

哇！

哇！

Henderson Place

　　曼哈頓中有許多隱密的可愛小巷，例如位於上東城的 Henderson Place。這是一條充滿 19 世紀風情的小馬路。當時的建築目前仍留下來的，只有六棟高瘦型安妮女王風格的聯排別墅（row house），最初是提供給工薪階級的家庭居住。路名則來自當時的地主 John Henderson。

> Henderson Place
> 地址：E 86th St 上（鄰近 East End Ave 和 Carl Schurz Park）

Carl Schurz Park：（請見 P178）

紐約市長的家 Gracie Mansion

　　位於 Carl Schurz Park 一隅，這棟已有 200 多年歷史的木造兩層樓 Federal-style 建築，1799 年由富商 Archibald Grazie 所建，俯瞰著東河美景。也是 Museum of the City of New York 第一個家（1924 ～ 1936），後來才成為紐約市長官邸。該住所也多次成為電影中的一景，像是六年級生

> Gracie Mansion
> 地址：Carl Schurz Park 內，E 88th St

熟悉的《魔鬼剋星 2》。

官邸外觀雖簡單卻仍顯典雅，鵝黃外牆點綴著白窗框與綠百葉窗，典型的聯邦風格。

約克維爾區中的小匈牙利

早期的約克維爾區曾是匈牙利與中歐移民的居住地區。在 1940 年時，紐約甚至有超過十萬匈牙利人住在約克維爾區，也因此許多匈牙利餐廳與雜貨店等紛紛在此開店，尤其是在 79、86 街之間的第 2 大道。隨著匈牙利居民的搬遷，過往的小匈牙利（Little Hungary）已不復在。不過細心尋找，還是可以發現匈牙利文化曾在此扎根的蛛絲馬跡，像是仍為匈牙利社區所服務的 6 間老教堂、83 街和第 2 大道的 The Hungarian Meat Market and Delicatessen。2005 年才開幕的 Andre's Cafe，則是一家道地匈牙利餐廳。

好買好吃好逛
in 上東區

Orwasher's Bakery

歷史悠久的麵包店，於 1916 年開業。
地址：308 E 78th St
網址：www.orwashers.com

Two Little Red Hens

小小人氣糕點店，在 Schaller & Weber 隔壁。
地址：1652 2nd Ave

Hoofbeats

可愛的兒童用品店。
地址：232 E 78th St

H&H Midtown Bagels East

24 小時營業。
地址：1551 2nd Ave
網址：hhmidtownbagels.com/store/pc/viewCategories.asp

享受一下午的綿羊草原，中央公園

　　這片位於紐約中央的綠地，為紐約客的後花園，不但是許多遊客必到之地，也是紐約客放鬆休憩的好去處。公園占了曼哈頓面積約 6%，內有城堡、湖泊、山丘、露天劇院、動物園、博物館、溜冰場和攀岩等設施，亦是許多影片取景的地方。隨著四季的變化，可以讓人欣賞到不同面貌的中央公園。不愧是世界上最有名的城市公園喔！

也許走走的景點

　　由於公園面積廣大，常讓人有種不知從何開始的迷惑。如果希望看一些著名景點，可以選擇定期舉行的免費公園步行之旅，由義工導遊帶領認識不同面貌的中央公園。

　　遊覽公園較為熱門的路線之一是 72 街步行之旅，從東 72 街漫步到西 72 街，以薩謬爾・摩斯雕像為起點，途中經過的景點有愛麗絲夢遊仙境、安徒生與醜小鴨雕塑、畢士達噴泉與草莓園等。

　　基本上，公園主要被 Jacqueline Kennedy Onassis Reservoir 分為南北兩部分，大家熟悉的景點多集中在南邊。這裡整理幾個較為有名的景點，主要集中在 Mid Park 和 South End。

> 中央公園步行行程資訊
> 網址：www.centralparknyc.org/tours

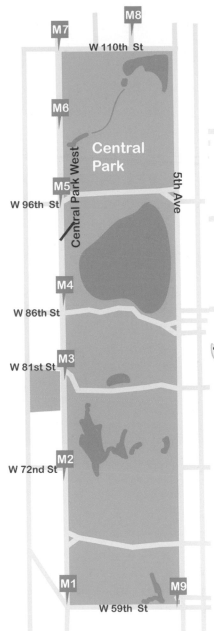

Park Time

M1 59 St-Columbus Circle
    (1/A/B/C/D)
M2 72 St(B/C)
M3 81 St-Museum of Natural
    History(B/C)
M4 86 St(B/C)
M5 96 St(B/C)
M6 103 St(B/C)
M7 Cathedraal Pkwy(110 St)
    (B/C)
M8 Central PArk North(110 St)
    (2/3)
M9 5 Av/59 St(N/Q/R)

Mid-Park 景點

弓橋

愛麗絲夢遊仙境雕塑（Alice in Wonderland）

　　1959 年慈善家 George Delacorte 所捐贈，送給紐約孩子們的禮物，並紀念他的妻子。這座雕塑除了是孩子們的最愛，也是遊客們的拍照熱門景點。

安徒生與醜小鴨雕塑

　　和愛麗絲的雕塑位置相當近，仔細看安徒生雕像手上拿的那本書就是《醜小鴨》喔！另外，每年 6 ～ 9 月，周六早上 11 點，這裡會舉行說故事時間。

畢士達噴泉（Bethesda Fountain & Terrace）

　　經典的中央公園一景，這是唯一由中央公園委託製作的雕像作品（其他雕像多為捐贈品），也是紐約首件女藝術家（Emma Stebbins）製作的公共藝術品，於 1873 年完成。

噴泉中的水天使雕像其實有個特殊意義，就是紀念 1842 年的克羅頓水系統帶給紐約人乾淨的水。而噴泉的名稱則來自《聖約翰福音》中提及可以治癒疾病的水池名稱。另外，水池廣場後方的拱形迴廊中常有許多精采街頭表演，也別忘了看看拱形迴廊美妙的馬賽克天花板（Minton Tile Ceiling）。在這裡休息，欣賞公園大湖（The Lake）的湖景，或是看看街頭藝術家的表演，都是很棒的體驗。

櫻花林和弓橋（Cherry Hill & Bow Bridge）

與畢士達噴泉相距不遠，則是以櫻花樹聞名的櫻花林，還有弓橋。緩緩的斜坡，與綠意盎然的樹林，是個相當適合野餐或休息的地方。

帶有古典美人般氣質的弓橋，不僅是大家拍攝的焦點，橋中央更是拍攝公園與 Twin Towers 公寓的最佳位置。這座橋是公園內七座最古老的鑄鐵橋，也是全美第二古老的鑄鐵橋喔！

草莓園（Strawberry Fields）

1985 年建立，象徵著國際和平，同時也紀念披頭四樂團的約翰藍儂。據說他的妻子小野洋子將他骨灰撒在了草莓園裡。草莓園的地上鑲有 Imagine 圖案，來自藍儂的經典歌曲〈Imagine〉。草莓園往西走，就會看到約翰藍儂與妻子居住過的達科塔公寓，也是他遇刺的地方。

船屋餐廳（Boathouse）

船屋餐廳位於公園大湖旁邊，一面用餐還可以一面欣賞優美的湖光景色。對於《慾望城市》的影迷來說，船屋也是影集中凱莉失足落湖的地方。

眺望臺城堡（Belvedere Castle）

城堡就矗立在 Vista Rock 上，在此視野相當遼闊，可以眺望 Turtle Pond、大草原或戴拉寇特劇場。城堡同時也是遊客服務中心與 Henry Luce Nature Observatory 的所在。

戴拉寇特劇場（Delacorte Theater）

最初是為了提供 The Public Theater 使用而建立，當時所表演的第一齣劇是莎士比亞的《威尼斯人》。每年夏天 6～8 月，這裡會化身成戶外莎士比亞公園劇場，上演免費

的舞臺劇，不過既然是限定表演，又是戶外欣賞莎翁劇的難得經驗，自然是很多人想進場觀賞，所以還是要排隊索票！如果不怕花錢，聽說捐獻 120 美元就可以直接進場。

Delacorte Theater
網址：publictheater.org/en/Programs--
Events/Shakespeare-in-the-Park

大草原（The Great Lawn）

適合野餐、看書或悠閒地躺著享受日光浴。夏天時，這裡會舉行中央公園最大型的戶外活動——紐約愛樂戶外音樂會。以前在 NYU 念書時，我曾跟好友到此聆聽音樂會，真的很棒！活動免費且無須索票，所以記得趁早去找位置喔！

Naumburg Bandshell

靠近 The Mall 林蔭大道的殼形戶外劇場建築，是 1923 年熱愛音樂的銀行家 Elkan Naumburg 捐贈。許多音樂會都在此舉行。

 # South-End 景點

Gapstow Bridge

由曼哈頓片岩所造的 Gapstow 橋，是紐約有名的地標，從這裡可以一覽 Wollman Rink 和 The Pond。不過 Gapstow 橋最初其實是一座可愛的鐵鑄木橋，後因磨損，1896 年才重新以今日的模樣與大家見面。

沃漫溜冰場（Wollman Rink）

紐約的冬日，除了到 Rockfeller Plaza 及 Bryant Park 溜冰，The Pond 旁的沃漫溜冰場也相當受歡迎，溜冰場是 1980 年代時，由地產大王川普先生出資建造。電影《美國情緣》中，主角也是定情於此。當時莎拉問：「紐約最令你難忘的地方是哪？」強納森回答：「此刻與妳在一起！」

The Pond

由於有高達上百種鳥類棲息於此，因此吸引滿多愛鳥人士到此觀鳥。此外，這裡也是欣賞日落的絕佳地點喔！

Chess & Checkers House

走訪紐約時，其實發現許多公園都設有西洋棋盤桌子，中央公園也不例外，還有專屬的下棋去處。

綿羊草原（Sheep Meadow）

公園內最適合曬太陽的草原，分別是大草原，與這裡介紹的綿羊草原。相當適合野餐、看書或悠閒地躺著享受日光浴。

林蔭大道 The Mall 和 Literary Walk

兩旁高大的榆樹形成的林蔭大道就是 The Mall，這裡遊客眾多，所以更是許多街頭藝人表演的熱門區域。The Mall 南邊則是 Literal Walk，有許多知名的文人、詩人雕像。

若是天氣晴朗且有腳力，不妨往中央公園北邊漫走，更是不同於其他區域的景色喔！

公園活動

中央公園的活動其實很多，其中幾個相當有名。若是活動舉行時在紐約，可別錯過！

紐約中央公園電影節

享受露天欣賞電影的氣氛，舉辦時間多在 8 月，可以上官網查詢。

> ⓝ **中央公園官網**
> 關於中央公園的官網，點選 event 可以了解當月的活動內容。
> 網址：www.centralparknyc.org/events

中央公園跨年倒數活動

如果不想到人擠人的時代廣場感受新年倒數，中央公園會是個另類選擇。而且不用一大早就去排隊，建議晚上 11 點後到達即可，到時就能看到許多人步行前往 Naumburg Bandshell，雖說跨年時，晚上的公園人多，也有 NYPD 駐守，不過公園很大，還是得注意自身安全喔！

免費仲夏夜之戶外表演

　　每年夏季戶外表演的重頭戲之一，就是免費的莎士比亞劇表演——Shakespeare in the Park，不過需要索票，而且通常得好早就去排隊，或是到官網參加抽票。除了莎士比亞劇表演，大都會劇院、紐約愛樂也會與中央公園配合，舉辦音樂活動，我曾經跟好友欣賞過紐約愛樂戶外音樂會——New York Philharmonic，一邊在大草原（Great Lawn）野餐，一邊聆聽音樂，真的是非常愜意。

> 莎士比亞劇表演　Shakespeare in the Park
> 網址：publictheater.org/en/Programs--Events/Shakespeare-in-the-Park
>
> 大都會劇院表演
> 網址：www.metopera.org
>
> 紐約愛樂戶外音樂會　New York Philharmonic
> 網址：nyphil.org

善用 Citi Bike

　　中央公園入口處都有 Citi Bike 可以租借，若是不想走路，也可以來趟單車行，但是別忘了公園內爬坡也不少喔！

中央公園小知識與公園地圖

占地 843 英畝，約臺北大安森林公園的 13 倍。南從 59 街北到 110 街，東從有名的第 5 大道到西邊的公園大道西（Central Park West Ave）。由建築師 Frederick Law Olmsted 和 Calvert Vaux 共同規劃設計，屬於人造公園。另外公園地圖並非到處都有，如果碰到公園內的義工，可以詢問索取，或是詢問你想去的地方，這些專業的義工可以為你指出最簡潔的路線喔！我還記得當我拿著地圖在摸索時，有位歐洲太太忽然很激動地問我：「怎麼有地圖的！」就能理解這裡的地圖簡介真的很難找！

上西城·百老匯漫步之旅

　　若不知從何開始安排行程，不妨從哥倫布圓環（Columbus Circle）為起點，沿著百老匯道（Broadway）開始上西城之旅。

推薦路線

哥倫布圓環（Columbus Circle）▶藝術設計博物館（MAD Museum）▶ Dante Park 與林肯中心（Lincoln Center）▶ Century 21 百貨公司 ▶（可以選擇搭地鐵或走路）▶紐約第一浸信會教堂（The First Baptist Church）▶百年超市 Zabar's 採買食物 ▶河濱公園野餐（Riverside Park）▶ Westsider Rare & Used Books

哥倫布圓環（Columbus Circle）

　　為紐約多條重要大道匯集的哥倫布圓環，於 1905 年落成，以航海家哥倫布命名，廣場頂端就是哥倫布雕像，而下方則是天使與地球的雕像。拜訪這裡之前，可以先到附近時代華納中心（Time Warner Center）。這棟上西城新地標，是在 2004 年 2 月開幕，有許多餐廳及商店，像是有名的 Wholefood 超市，如果想拍哥倫布圓環全景，可以到 3 樓的 Bouchon Bakery 拍照，順便用餐。藝術設計博物館就在圓環附近（請見 P220）。

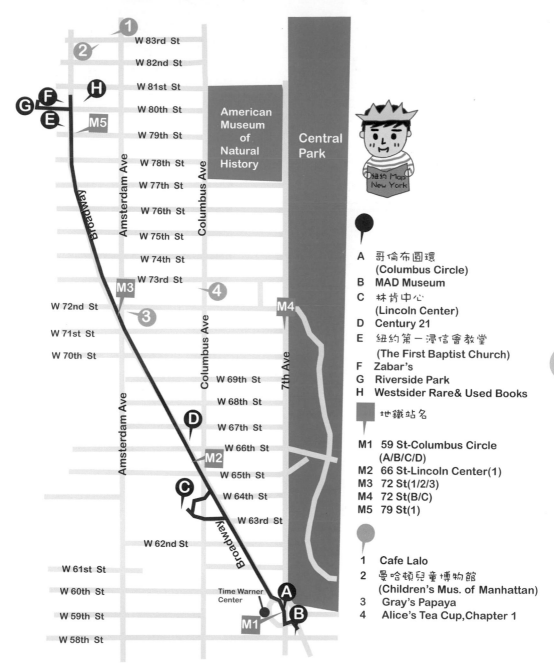

W 83rd St
W 82nd St
W 81st St
W 80th St
W 79th St
W 78th St
W 77th St
W 76th St
W 75th St
W 74th St
W 73rd St
W 72nd St
W 71st St
W 70th St
W 69th St
W 68th St
W 67th St
W 66th St
W 65th St
W 64th St
W 63rd St
W 62nd St
W 61st St
W 60th St
W 59th St
W 58th St

Broadway
Amsterdam Ave
Columbus Ave
7th Ave

American Museum of Natural History

Central Park

M5
M3
M2
M1
M4

Time Warner Center

紐約 Map
New York

A 哥倫布圓環
  (Columbus Circle)
B MAD Museum
C 林肯中心
  (Lincoln Center)
D Century 21
E 紐約第一浸信會教堂
  (The First Baptist Church)
F Zabar's
G Riverside Park
H Westsider Rare& Used Books

地鐵站名

M1 59 St-Columbus Circle
   (A/B/C/D)
M2 66 St-Lincoln Center(1)
M3 72 St(1/2/3)
M4 72 St(B/C)
M5 79 St(1)

1 Cafe Lalo
2 曼哈頓兒童博物館
  (Children's Mus. of Manhattan)
3 Gray's Papaya
4 Alice's Tea Cup,Chapter 1

163

Columbus Circle
地址：Broadway，Central Park West 和 59th St 交會處

Time Warner Center
地址：10 Columbus Circle

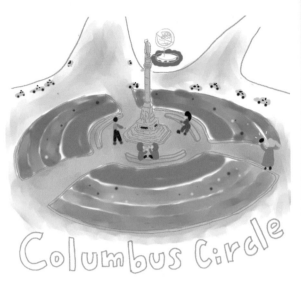

Columbus Circle

上方很像桃子的東西
其實是地球喔

林肯表演藝術中心（Lincoln Center for the Performing Arts）

　　如果問紐約客心目中殿堂級的古典音樂中心為何？我想林肯表演藝術中心與上東城的卡內基音樂廳可同時並列。據說林肯表演藝術中心的設計師當初是仿米開朗基羅所設計的市民廣場，充滿現代主義風格，用簡單的線條呈現。整個中心以紐約國家劇院、大都會歌劇院及艾莉費雪廳為主。林肯表演藝術中心節目琳瑯滿目，包括電影、歌劇到芭蕾舞及音樂表演。夏季時還經常舉辦戶外表演，每年的電影盛事紐約電影節也是在此舉行。以前在 NYU 念書的我，那時每逢電影節，就常往這裡跑。林肯表演藝術中心旁的茱莉亞學院，則是有名的音樂、舞蹈和戲劇學校。

　　另外，林肯表演藝術中心也在華納時代中心設立了新的爵士樂社（Jazz at Lincoln Center）。喜歡夏卡爾作品的人，記得欣賞林肯表演藝術中心正中央的夏卡爾壁畫，代表著音樂的勝利與泉湧。

> Lincoln Center for the
> Performing Arts
> 地址：10 Lincoln Center Plaza
> 網址：lc.lincolncenter.org

♪Lincoln Center♪

Lincoln Center

Century 21 百貨公司

相信許多愛到紐約血拼的女士、男士們，一定不會錯過下城的 Century 21。在上城也有 Century 21，專賣過季的商品服飾，仔細挑選還是可以挖到寶喔！

Century 21
地址：Broadway & 66th St

紐約第一浸信會教堂（The First Baptist Church）與 Zabar's

這棟外觀可愛的教堂就座落在 79 街和百老匯道。教堂附近就是百年超市 Zabar's。

翻開 Zabar's 的歷史，這家過去由烏克蘭移民所經營的雜貨店，起初店面小巧，隨著時間也慢慢擴展成如今的規模。原先的店面已經變成熟食店，而擴建的地方則變身為 Zabar's 超市，除了 1 樓的食物區，有許多熟食可以選擇；2 樓還有許多束西，有點類似雜貨鋪，還可以上網訂購食物及禮物盒，真是很跟得上潮流的老店，但也不失原本的韻味。如果不想在店內用餐，建議可以外帶 Zabar's 的食物，到附近的河濱公園（Riverside Park）享受公園野餐的樂趣。

紐約第一浸信會教堂
地址：265 W 79th St

Zabar's
地址：2245 Broadway
網址：www.zabars.com

河濱公園（Riverside Park）：（請見 P177）

Westsider Rare & Used Books

　　書店向來是我到一個城市的採買重點，不僅可以收集當地介紹書籍，還可以尋找臺灣沒有的繪本故事，其中二手書店更是我的最愛。雖說過敏體質的我，在一堆舊書中容易不舒服，但是被這些富有歷史的書包圍著，是種很棒的感覺。

Westsider Rare &
Used Books
地址：2246 Broadway

上西城‧
公園大道西漫步之旅

因為在 1950 年代時期，有許多來自格林威治村的文人雅士入住上西城，所以造就此區的藝術氣息，到此一遊，有時不需要特地的行程，就是走走看看，欣賞這些令人讚嘆的建築、參觀富有歷史的博物館，或是品味此處悠閒的氛圍，也是一種欣賞紐約的方式。

地鐵站的動物拼貼

推薦
路線

Sarabeth 早午餐 ▶ 必逛的自然歷史博物館（American Museum of Natural History）與 Theodore Roosevelt Park ▶ 紐約最古老的博物館，紐約歷史協會（New York Historical Society）▶ 約翰藍儂的達科塔公寓（Dakota Apartment）▶ 草莓園與中央公園

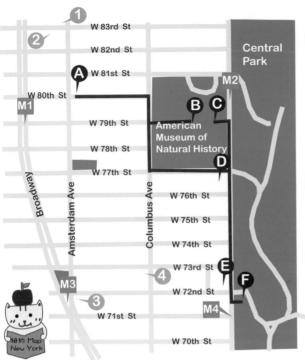

A	Sarabeth
B	自然歷史博物館 (American Mus. of Natural History)
C	Theodore Roosevelt Park
D	紐約歷史協會 (New York Historical Society)
E	達科塔公寓 (Dakota Apartment)
F	Strawberry Fields

地鐵站名

M1 77 St(1)
M2 81 St-Museum of NAtural History(B/C)
M3 72 St(1/2/3)
M4 72 St(B/C)

1 Cafe Lalo
2 曼哈頓兒童博物館 (Children's Mus. of Manhattan)
3 Gray's Papaya
4 Alice's Tea Cup,Chapter 1

轉轉紐約

Sarabeth附近的建築。

Sarabeth

從手工製作果醬起家的 Sarabeth，至今已經有 200 年歷史了！店名即取自老闆娘的名字。所有的店當中，我最喜歡的就是上西城這家，素雅的裝潢充滿法式小清新的氛圍。Sarabeth 的餐點看似量少，其實吃完剛剛好，他們家的 crab cake eggs benedict 很好吃，有機會一定要試試！

除了餐點，也可以上網訂購果醬！

Sarabeth
除了上西城，還有其他四家分店，由於是熱門餐廳，建議先上網預訂。
地址：423 Amsterdam Ave
網址：www.sarabethsrestaurants.com

美國自然歷史博物館（American Museum of Natural History）：
（請見 P221）

紐約最古老的博物館，紐約歷史協會（New York Historical Society）：
（請見 P222）

約翰藍儂的達科塔公寓（Dakota Apartment）

位在 72 街的達科塔公寓，建築結合了多種風格，彷彿城堡般的設計，除了有著上西城豪宅華麗外觀，還是許多人來紐約的必到之處，之所以有名，是因為披頭四的約翰藍儂在此居住過，並於公寓前被刺身亡。爾後，許多歌迷及遊客都會來此憑弔這位偉大的流行音樂大師。

Dakota Apartment
地址：1 W 72nd St

附近街道與雕飾

草莓園與中央公園：（請見 P154）

上西城 · Morningside Heights 與哈林區

　　中央公園北面主要是哥倫比亞大學所在的 Morningside Heights，以及哈林區（Harlem）。特別是哈林區很值得一遊，有許多相當具歷史的美麗建築，或許是大家對於黑人區的刻板印象，往往避免到此，以前在紐約念書的我也是。不過這幾年來，隨著紐約市政府對哈林區的一些措施，許多中產階級家庭入住，乾淨些的街道與新住宅大樓形成哈林區新風貌。不過建議還是盡量挑選人多的時段來。

推薦路線

常春藤名校之旅，哥大行 ▶ The Cathedral Church of St. John the Divine ▶ 散步 Frederick Douglass Blvd（Restaurant Row） ▶ 散步 W 125th St 與阿波羅戲院（Apollo Theater） ▶ 品嘗 Manna's Soul Food ▶ 散步 Malcolm X Blvd（Lenox Ave），欣賞哈林區建築之美 ▶ W116 th St，小非洲

哥倫比亞大學

　　於 1754 年成立，最初叫做 King's College（國王學院），美國獨立革命後，改為 Columbia University，並在 1896 年成為大學，為美國有名的常春藤名校、紐約最古老的高等教育機構及著名的普利茲獎頒發機構。哥大的畢業生更是行行出狀元，還有三位美

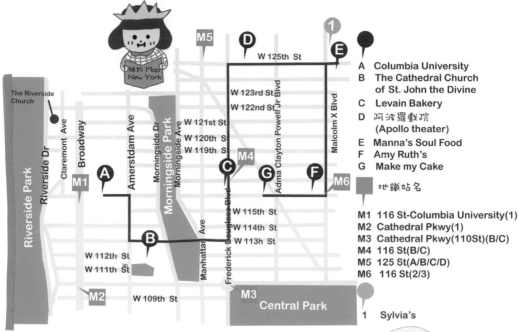

A Columbia University
B The Cathedral Church
   of St. John the Divine
C Levain Bakery
D 阿波羅戲院
   (Apollo theater)
E Manna's Soul Food
F Amy Ruth's
G Make my Cake

地鐵站名

M1 116 St-Columbia University(1)
M2 Cathedral Pkwy(1)
M3 Cathedral Pkwy(110St)(B/C)
M4 116 St(B/C)
M5 125 St(A/B/C/D)
M6 116 St(2/3)

1 Sylvia's

國總統畢業於此,歐巴馬就是其中之一。

除了優秀的校友,哥大校園也是許多人旅遊紐約的景點,特別是 Low Memorial Library 與圖書館前的智慧女神像。

Columbia University
地址:116th St 和 Broadway

The Cathedral Church of St. John the Divine

遠眺教堂,好像矗立在一處懸崖似的。這棟美得讓人窒息的教堂,其實仍在建造當中,翻開教堂建築史,可以發現 The Cathedral Church of St. John the Divine 的建造過程相當坎坷。教堂工程開始於 1892 年,最初是由紐約首個地鐵站的設計師 Heins 和 LaFarge 所主導,以羅馬式建築風格為主。

但是 1911 年時,Ralph Adams 接替了設計工作,卻設計出哥德風格的教堂中殿,也讓教

堂形成某種特殊的樣貌。之後因兩次世界大戰而暫停建設工程，直到 1979 年恢復工程，1994 年教堂宣布破產，後來經過會員們發起國際性的籌款，才讓教堂免於破產。不過在 2001 年時，一場火災燒毀了教堂禮品店與兩件 17 世紀義大利掛毯，又讓教堂的財務問題再度浮現。衷心期待有天可以看到它的完工！

即使並未完全完工，還是無法掩飾它的美麗，所以來到哥大，別忘了朝聖美國最大的教堂。有朝一日完工的話，這應該是世界最大的教堂！

> The Cathedral Church of St. John the Divine
> 地址：1047 Amsterdam Ave
> 時間：07:30 ～ 18:00
> 建議門票：10 美元（當作幫忙建設教堂也是美事一樁）

Frederick Douglass Blvd（Restaurant Row）

圓環上的雕像是有名的黑人 Frederick Douglass，他是美國史上第一位黑人外交官，終生致力於廢除黑奴制度而奔走。美國排華時期，他也挺身為在美國的華人發聲，認為一個國家不應該區分種族。

電影《自由之心》（12 Years a Slave）中的真實事件發生時，他就曾說：「It's truth is far greater than fiction.」並抨擊將一個自由之身的黑人視為卑賤的奴隸 12 年，光想像就令人痛心。

隨著房產與交通建設的發展，哈林區也慢慢吸引其他族群的中產階級家庭定居。沿著 Frederick Douglass Blvd 陸續有許多小資風情的餐廳、咖啡店、寵物美容院等開張，逐漸形成了哈林區的餐廳一條街。

好壯觀的販售蘋果方式！

隨著哈林區的開發，越來越多中產階級家庭搬到這裡。

充滿藝術氣息的施工圍牆。

W 125th St 與阿波羅戲院（Apollo Theater）

步行至有如哈林區第 5 大道的 125 街，特別是介於 Frederick Douglass Blvd 和 Malcoln Blvd 區段，會令人對哈林區改觀，擁擠的逛街人潮與熱鬧的街道，這裡就是哈林區的商業大道。除了商店，街道兩旁還有許多各式各樣的小販，販售著精油、非洲風情的袋子、焗糖花生等。

另外充滿傳奇色彩的阿波羅戲院，也在 125 街上。1934 ～ 1970 年代，曾是紐約黑人娛樂活動的中心，更是美國黑人的心靈代表。當麥可傑克森（Michael Jackson）過世時，歌迷就聚集在阿波羅戲院為他的離去悼念。

> **Apollo Theater**
> 地址：253 W 125th St
> 網址：www.apollotheater.org

Manna's Soul Food

類似臺灣的傳統自助餐，可挑選自己喜歡的菜色，除了熟食，也有沙拉蔬果，價格則以秤重為主。像是 soul food 的 Mac & Cheese、豬腳都是這裡的招牌菜。雖然是自助餐，但每樣菜都看起來好可口喔！建議到哈林區，一定要到 Manna's Soul Food 品嘗美食。

除了熟食沙拉，還有各種水果！

> **Manna's Soul Food**
> 地址：70 W 125th St
> 網址：www.soulfood.com

紐約小學堂

什麼是 Soul Food？
泛指美國南方黑人所吃的傳統食物，一般 soul 這個詞彙多
用來形容美國非洲文化，就像 soul music。

very sweet！

Malcolm X Blvd（Lenox Ave）與 W 116th St

在紐約，如果你像我一樣喜歡記路名，會發現有些路同時有不同的名字，所以常見兩個路牌並立的情況，主要是因為美國喜歡透過命名路名來紀念偉大的人物。而 Malcolm X Blvd 則是紀念美國民權運動人士 Malcolm X。針對 Malcolm X 的評價，其實很兩極，有人認為他煽動暴力與提倡黑人優越主義；也有人認為他在美國非裔民權運動上的成就值得讚賞。這一帶的建築相當漂亮，完全顛覆我對黑人社區的印象，是條非常適合散步的路線。

一路欣賞沿途的建築風景，接著看到 116 街就可以轉進這個所謂的小非洲。此處除了有許多「真正」非洲菜餐廳，還可以看到許多穿著非洲傳統服飾的人喔！至於是否要品嘗非洲菜餚，完全視個人喜好，我有個朋友試過之後直搖頭。如果對非洲菜餚不感興趣，喜歡甜品的人，可以到這家可愛滿點的店「Make my cake」，享用下午茶，他們家也提供外送服務喔！或者是到人氣高的 soul food 餐廳 Amy Ruth's。

Malcolm X Blvd

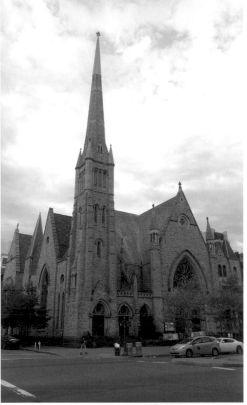

Amy Ruth's
地址：113 W116th St

Make my cake
地址：121 St. Nicholas Ave
網址：www.makemycake.com

關於食物銀行與捐獻食物

哈林區有許多食物銀行的地點，這些地方通常會標示 Food Pantry，並註明領取食物的時間。時間到了，就會看到有人排隊等待領取食物。而且如果家裡有太多的食物（也許是過節的禮物堆積），也可以捐獻到這些地方，幫助解決飢餓問題。我覺得這真是很好的方式，既可以幫助別人，也不浪費食物。

好買好吃好逛
in 上西區

Cafe Lalo

電影《電子情書》中的咖啡館，帶點歐風的情懷。
地址：201 W 83rd St
網址：cafelalo.com/cafe

曼哈頓兒童博物館（Children's Museum of Manhattan）

適合親子同遊的博物館。
地址：212 W 83rd St
網址：cmom.org

Gray's Papaya

賣點是道地的熱狗與電影《電子情書》裡的場景，24 小時營業。
地址：2090 Broadway
網址：grayspapayanyc.com

Alice's Tea Cup，Chapter1

地址：102 W 73rd St
網址：alicesteacup.com

Levain Bakery （Harlem）

人氣王，巧克力顆粒核桃餅（Chocolate chip walnut）。
地址：2167 Frederick Douglass Blvd
網址：www.levainbakery.com

Sylvia （Harlem）

Soul food 餐廳，隔壁的 Red Rooster 也是 soul food 餐廳。
地址：328 Malcolm X Blvd
網址：sylviasrestaurant.com

公園時間

河濱公園（Riverside Park）

接觸《電子情書》這部電影，正值紐約念書時期。當時曾尋訪主角們走過的紐約痕跡，那不存在的角落書店、Fox 書店，相約見面的 Cafe Lalo，他們走過的咖啡店、公園和廣場。其中最後一幕，梅格萊恩（Mag Ryan）與網友湯姆漢克斯（Tom Hanks）相會的公園，就是上西城的河濱公園。

和隔鄰的中央公園相比，河濱公園也許遜色些，不過這裡很適合慢慢散步，欣賞哈德遜河風光。特別是《電子情書》場景在 91 街的社區花園（91th Street Community Garden），繁花錦簇為公園增色不少。

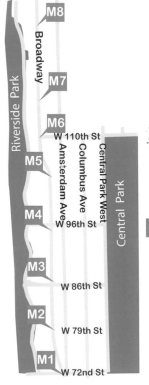

M1 72 St(1/2/3)
M2 79 St(1)
M3 86 St(1)
M4 96 St(1/2/3)
M5 103 St(1)
M6 Cathedral Pkwy(1)
M7 116 St-Columbia University(1)
M8 125 St(1)

紀念美國內戰時
聯邦士兵及水手約

Riverside Park
地址：475 Riverside Drive
網址：riversideparknyc.org
時間：06:00 ~ 01:00
交通：由於公園呈狹長形，可以搭乘地鐵1、
　　　2、3線到不同站，再步行前往。

Carl Schurz Park

　　這應該是我在紐
約最喜歡的公園，綠
意盎然，加上遊客並不
多，很適合悠閒漫步。
公園另一頭還可以走上
河濱步道，享受東河風
光。有些愛狗人士則喜
歡到這裡有名的狗公
園，看看小狗、大狗們
愉快奔跑玩樂，輕鬆自
在度過午後時光。另

外，紐約市長官邸就位在公園內，不過高牆包圍，很難一窺樣貌。

Carl Schurz Park
地址：1624 York Ave
網址：www.carlschurzparknyc.org

E 90th St
E 89th St
E 88th St
E 87th St
Carl Schurz Park
E 86th St
E 85th St
E 84th St
E 83rd St
York Ave
East End Ave
E 82nd St
E 81st St
E 80th St
E 79th St

Park Time

NEWYOR
KNEWYO
RKNEW
YORKNE

4

Newark
International
Airport

Manhattan

Queens

Brooklyn

JFK
International
Airport

Staten
Island

NEWYOR
KNEWYO
ORKNEW
YYORK 第四步

曼哈頓之外

回想在紐約求學時，紐約五區當中，除了自由女神像、緬懷家鄉口味而較常拜訪的法拉盛（Flushing），再來就是賞花時的布魯克林植物園，以及布朗克斯區（The Bronx）的動物園與植物園。紐約的記憶似乎只侷限在小小的曼哈頓島。

其實近幾年來，各區經過規劃整頓，吸引了越來越多紐約客與遊客。其中當屬近年來最熱門的布魯克林區，也是本章的行程主角喔！

布魯克林區

念書時，布魯克林區（Brooklyn）對我來說，猶如禁區般，除了一大票朋友相約到布魯克林博物館（Brooklyn Museum）參觀、布魯克林植物園（Brooklyn Botanic Garden）賞櫻，以及康尼島（Coney Island）品味熱狗之旅，似乎就沒有再拜訪過這個與曼哈頓僅東河之隔的它。如今，它已換上新面貌，悄悄地成為紐約客最愛的藝文區。

布魯克林區實在有太多值得一遊的地方，這裡主要介紹其中三個地區，分別是新興的藝文區威廉斯堡（Williamsburg）、充滿後工業風的 DUMBO，以及高級住宅集中的布魯克林高地（Brooklyn Heights）。

北布魯克林區 · 威廉斯堡（Williamsburg）

若說 DUMBO 好似初期的 SoHo，那麼威廉斯堡，或許有些許東村、西村的影子存在。對於威廉斯堡的第一印象，多是關於獨立音樂、搖滾樂、潮人、藝術家、文青的聚集地。這裡的藝文風格有些非主流，帶點前衛。如果喜歡二手店或復古風小店，那麼威廉斯堡絕對是一處不可錯過的景點。建議可以拿取每個月免費的 Wagmag 小冊子，除了有詳細地圖，還有關於該區書店或藝廊活動的資訊。以下跟大家分享一些我喜歡的威廉斯堡。

Williamsburg
網址：www.wagmag.org

A1　Williamsburg Flea
A2　Williamsburg Smorgasburg
B　布魯克林酒廠(Brooklyn Brewery)
C　Artists & Fleas
D　El Beit
E　Earwax Records
F　JUNK
G　Buffalo Exchange
H　Ugly Luggage
I　Blue Bottle Coffee
J　Maison Premiere

地鐵站名

M1　Bedford Av(L)

Bedford Ave 逛街趣

　　Bedford Ave 算是威廉斯堡的主要大街，兩旁隨
時有著不同的小驚喜，等待你去發掘，像是復古風
的家具店，充滿設計感的小玩藝，或是琳瑯滿目的
二手服飾店。若是厭煩老是到曼哈頓血拼，可別錯
過這裡了。建議購物前，可以先到附近享用早午餐，
再一鼓作氣地走遍這區。

　　其他交會的街道，像是 N 6th St（介於 Bedford
和 Wythe Ave）就有許多設計小店，或是到有許多

酒吧餐廳的 Metropolitan Ave。Grand St 這裡除了有 WAH Center（Williamsburg Arts and Historical Center），還有許多藝廊小店。

咖啡香，不過排隊的人超多~

Blue Bottle，香醇咖啡味

這家咖啡發燒友熱捧的店，最早在舊金山開店。如今除了布魯克林，曼哈頓也有分店，而位在這區的 Blue Bottle 不但咖啡香誘人，店所在的建築也特別。這棟古樸的磚造建築，可是一次大戰時期建造的老爺爺級建築了。

Blue Bottle
地址：160 Berry St
網址：www.bluebottlecoffee.com/page404

布魯克林酒廠（Brooklyn Brewery）

紐約有名的釀酒廠，LOGO 的設計師就是設計「我愛紐約」（I Love NY）那位！喜歡品嘗啤酒的人，可以參加他們的導覽，不僅能了解啤酒製造過程，還能在迷人的酒香中開懷暢飲。

Brooklyn Brewery
地址：79 N 11th St
網址：brooklynbrewery.com/verify

Artists & Fleas，室內市集

2003 年 Artists & Fleas 在這個荒廢的倉庫誕生，之後吸引了許多藝術家、設計師、收藏家到此設立攤位，成了創作者們另類的展示空間。五花八門的新奇事物，也讓喜歡市集的人趨之若鶩。就算是寒冷的冬天，也可以在室內暖烘烘的環境下慢慢挑選。

Artists & Fleas
地址：70 N 7th St
網址：www.artistsandfleas.com

威廉斯堡市集（Williamsburg Flea）：

（請見 P230）

JUNK，垃圾中尋寶

這是家名為垃圾的店，其實主要為收購與販售二手物品。許多人眼中的垃圾，也許是他人心中的寶物，我想這應該是店名想傳達的含義吧！

目前 JUNK 有兩家分店，寬敞空間擺滿了店家收集來的東西。這裡常常更新商品，喜歡在成堆的二手物品小山群中挖寶的人，完全可以滿足想尋寶的願望。但若是像我鼻子過敏的朋友，建議自備口罩一個。

JUNK
地址：197 N 9th St 和 567 Driggs Ave
網址：www.junk11211.com/directions

如何搭渡輪到威廉斯堡
到威廉斯堡或 DUMBO，其實除了地鐵及巴士，建議天氣好時可以搭乘 East River Ferry，不僅能欣賞沿途東河美景，下船地點距離附近的景點也相當便利。
網址：www.eastriverferry.com

好買好吃好逛 in 威廉斯堡

Buffalo Exchange
超大的二手服飾店。
地址：504 Driggs Ave

Ugly Luggage
二手家具店。
地址：214 Bedford St

El Beit
地址：158 Bedford Ave

Maison Premiere
復古風的可愛餐廳。
地址：298 Bedford Ave

Earwax Records
二手唱片店。
地址：167 N 9th St

El Beit 麵包

布魯克林下城區 · DUMBO

　　DUMBO 其 實 是 Down Under the Manhattan Bridge Overpass 的縮寫。早期曾是紐約重要的工廠區之一，不過隨著產業的轉移，這裡只遺留下偌大的廠房、鵝卵石街道及鐵路軌道。不過和威廉斯堡有點不同，或許是尚未完全開發，DUMBO 建築與街道仍保留許多當時的原貌，小店也更加分散。

　　對於紐約客來說，DUMBO 是正在形成中的另一個 SoHo。不過更勝於 SoHo 的是，這裡擁有觀看曼哈頓天際線的絕佳視野，特別是日落時分，透過東河眺望曼哈頓，別有風情。在這裡，從兩旁建築的縫隙間拍攝布魯克林橋與曼哈頓橋，又是一幅特別的風景。2007 年時，DUMBO 成為紐約市第 90 個歷史保護區。

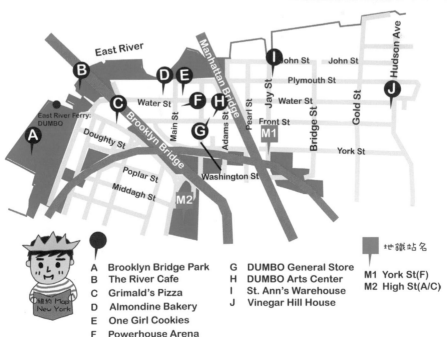

A	Brooklyn Bridge Park	G	DUMBO General Store
B	The River Cafe	H	DUMBO Arts Center
C	Grimald's Pizza	I	St. Ann's Warehouse
D	Almondine Bakery	J	Vinegar Hill House
E	One Girl Cookies	M1	York St(F)
F	Powerhouse Arena	M2	High St(A/C)

地鐵站名

DUMBO 熱鬧地段，Water 和 Front St

　　DUMBO 其實範圍不大，許多餐廳商家多集中在 Water St 和 Front St。像是 117 Front St，就聚集了大部分 DUMBO 的藝廊，而 1 樓則是有名的 Dumbo general store cafe。另外緊鄰的 DUMBO Art Center，也在 Front St 上。

> Dumbo general store cafe
> 地址：117 Front St
>
> DUMBO Art Center
> 地址：111 Front St

St. Ann's Warehouse

　　2001 年時，著名的 St. Ann's Warehouse 實驗劇場看中了 DUMBO 的可塑性，而遷移至此，那時的 DUMBO 還是一處尚未被藝文界發現的地方。之後許多藝術家陸續也看中這些舊時的老廠房，將其改建為工作室或藝廊。慢慢地，在文化藝術點綴之下，DUMBO 逐漸成功轉型。

> St. Ann's Warehouse
> 地址：29 Jay St
> 網址：www.stannswarehouse.org/index.php

Powerhouse Arena

　　貴為 DUMBO 最有名的藝術書店，除了書，還有寬敞的表演空間。來此不但可以享受閱讀，同時還可以欣賞不同的展覽或表演。旁邊就是有名的糕點店 One Girl Cookies。

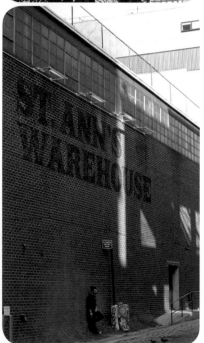

DUMBO很適合近距離拍攝曼哈頓橋。

Powerhouse Arena
地址：37 Main St
網址：powerhousearena.com

Dumbo Art Festival

　　過去幾年來，DUMBO 一直是紐約的藝文重鎮之一，像是每年舉行的 Art Under the Bridge Festival，或是 The New York Photo Festival，兩者都為 DUMBO 增色許多。

布魯克林橋公園（Brooklyn Bridge Park）

　　許多紐約客特別喜歡在這裡過周末，買個三明治或一杯咖啡，就這麼悠閒的消磨時間，還可欣賞東河對岸的曼哈頓。公園內的碼頭也會不定時舉行活動或展覽，像是風箏節等。

SHAKE SHACK

這家冰淇淋店在紐約可是相當有名喔!

189

SHAKE SHACK

Pooch-ini® $3.85
ShackBurger dog biscuits, peanut butter sauce
and vanilla custard

Bag O' Bones $7.95
Doggie bag of 5 ShackBurger dog biscuits
Treats for those with four feet. by Bocce's Bakery

有名的 Brooklyn Ice Cream Factory 也在公園內。喜歡 SHAKE SHACK 漢堡的人，可以到公園對面的這家分店，不用像麥迪遜公園那家需要大排長龍，店內空間又舒適。

Brooklyn Bridge Park
地址：334 Furman St
網址：www.brooklynbridgepark.org

懷舊風情的 Vinegar Hill

在 Front St 的盡頭左轉，是個被遺忘的美麗小區，和 DUMBO 相鄰的 Vinegar Hill。Vinegar Hill 不大，有許多 19 世紀中的聯邦風與希臘復興風建築群，其中位於 Evans St 和 Little St 的白色豪宅，曾是海軍艦長 Matthew C. Perry 的家。這裡還有許多鋪著鵝卵石的街道。這區不似 DUMBO 熱鬧，顯得較為安靜低調一些。

這家偶遇的 Almondine Bakery 點心服務超棒！

好買好吃好逛 in DUMBO

The River Cafe
價格貴，可利用餐廳周時來享用美食喔！建議先電話或上網預約。
地址：1 Water St
網址：www.rivercafe.com

Grimald's Pizza
據說也是最好吃的披薩。
地址：1 Front St
網址：grimaldis.com

Vinegar Hill House
地址：72 Hudson Ave
網址：vinegarhillhouse.com

One Girl Cookies
咖啡店，以全手作的糕點著名。
地址：33 Main St
網址：onegirlcookies.com

Almondine Bakery
安靜的糕點咖啡店，食物美味且服務好。
地址：85 Water St
網址：www.almondinebakery.com

布魯克林下城區 · 布魯克林高地
（Brooklyn Heights）

　　有人說布魯克林高地是紐約市最美且最具歷史的區之一。19 世紀時，這裡曾經是華爾街菁英們的聚集地，銀行家們紛紛在此建造屬於他們的 townhouse。另外在地鐵開通後，許多文人作家也選擇到此居住。今日的布魯克林高地，還保留著往日的建築和獨特的寧靜。午後到此用餐，在周邊街道漫步；或是接近傍晚時分到海濱大道欣賞日落，都是十分悠閒的遊覽方式。

　　這裡街道的名稱相當有趣，多以水果命名，像是 Cranberry St、Pineapple St、Orange St 等。

這區好多水果命名的街，有Orange St, Cranberry St 等。

A　Brooklyn Promenade
B　Heights Cafe
C　Dellarocco's of Brooklyn
D　Grace Ct Alley
E　Love Ln
F　Housing Works Thrift Shop
G　St. Ann and the Holy Trinity Church
H　Brooklyn Historical Society
I　Sahadi's

地鐵站名

M1　Court St(N/R)
M2　Clark St(2/3)
M3　Borough Hall(2/3)
M4　Borough Hall(4/5)

布魯克林海濱大道
（Brooklyn Promenade/Esplanade）

　　望著美麗的東河，在布魯克林海濱大道上很適合拍攝布魯克林橋與曼哈頓的美景。除了這裡，靠近 DUMBO 的 Fulton Ferry Landing 同樣有絕佳的視野，十分適合欣賞布魯克林橋、曼哈頓橋及曼哈頓島的景色。

Grace Court Alley

　　若是喜歡類似 Washington Mews 般的清幽小徑，不妨多走幾步到 Grace Court Alley，這裡的房子很多是建於 19 世紀初期。另外靠近 Henry St 和 Hicks St 的 Love Lane Mews，也是一條短且美麗的街道。

布魯克林高地的熱鬧地段，Montague St

　　這區的主要商業地帶，有各式商店、餐廳，很適合停下腳步稍作休息。有著精緻的雕飾與玫瑰花窗的 St. Ann and the Holy Trinity Church，也位於 Montague 街上。教堂亦常常舉行一些活動，其中較著名的是 Brooklyn Book Festival。 和 Montague St 垂直的 Clinton St 上，也有一座美麗的教堂，叫做 St. Ann's Episcopal Church（Historical）。

　　若是想來趟悠閒的參觀建築物之行，可以到和 Montague St 平行的 Remsen St 走走，欣賞不同的建築雕飾。尤其每逢節慶時，家家戶戶布置的擺飾十分有趣。

> St. Ann and the Holy Trinity Church
> 地址：157 Montague St
> 網址：www.stannholytrinity.org

St. Ann's Episcopal Church

收藏許多本區資料！

布魯克林歷史協會（Brooklyn Historical Society）

　　這棟位於 Clinton St 和 Pierrepont St 交會處的鮮豔紅磚建築，既是博物館，也是圖書館及教育中心。想要了解布魯克林高地區的過往歷史，可以到 2 樓圖書館，有許多歷史資料。

> **Brooklyn Historical Society**
> 地址：128 Pierrepont St
> 網址：www.brooklynhistory.org

Sahadi 雜貨店

　　採買乾貨的最佳選擇，記得先抽取號碼牌，再等候工作人員叫號。上次到此購買果乾，排隊結帳時，正巧有位老爺爺擋在前頭。後來他發現我們在排隊，才不好意思地說擋住了，還指揮我們到哪個櫃檯結帳。在我身旁的老公望著商店的照片牆，發現那位老爺爺好像是這裡的老闆，果真是他親自坐鎮呢！

> **Sahadi**
> 地址：187 Atlantic Ave
> 網址：www.sahadis.com

先抽號碼牌,輪到你時,再跟戴藍帽的員工說你要的東西跟重量。

好買好吃好逛
in 布魯克林高地

Heights Cafe

人氣夯的咖啡店,位在餐廳眾多的 Montague St 上。
地址:84 Montague St
網址:www.heightscafeny.com

DELLAROCCO'S PIZZA

好吃又特別的披薩。
地址:214 Hicks St
網址:www.dellaroccospizza.com

DELLAROCCO'S PIZZA

亞洲很少看到的芽甘藍菜,小小的,好可愛!

Housing Works Thrift Shop

在紐約市共有 12 家店。和其他私人二手店不同的是,Housing Works 更像個公益團體。成立於 1990 年,主要在協助募款幫助遊民及愛滋病患者。雖說是公益團體,它所販售的東西品質也都很不錯,除了服飾,還有家具、書籍等多樣商品。
地址:122 Montague St

紐約小學堂

布魯克林的跳蚤市場教戰守則
由於布魯克林跳蚤市場有不同類型,因此需要先決定想走的是購物或美食之行。另外這些地方大多使用現金,建議可以攜帶些小鈔。雖說外面有 ATM,但是通常都大排長龍。
網址:www.brooklynflea.com

皇后區

photo by A&E

　　記得當初到紐約念書時，由於沒有申請宿舍，當時朋友預訂的住宿地點就在皇后區（Queens）。或許是初到陌生地，所以此區給我的感覺還是有點不安全。不過經過朋友的推薦，以及偶爾到此找尋臺灣美食，我發現隱匿在曼哈頓光芒後的皇后區，其實也很有特色。

　　皇后區身為紐約五區中最大的區，而且紐約主要三個機場中，就有兩個是位在此區。

　　這裡主要介紹的是長島市（Long Island City），以及為遊客所知的另一中國城的所在地法拉盛（Flushing）。

法拉盛（Flushing）

　　近年來，法拉盛的中國城地位逐漸超越曼哈頓的唐人街，吸引眾多觀光客到此遊覽。在紐約念書時，法拉盛就已是我尋找臺灣美味的重鎮之一。還記得當時吃的飯糰，真是吃一口就會想流眼淚啊！

　　這裡的可樂娜公園（Flushing Meadow Corona Park），也是遊客的熱門景點。在電影《鋼鐵人》（Iron Man）中出現的巨大地球儀，以及《MIB 星際戰警》中隱匿的飛碟，都在公園裡喔！此外，這裡也是 1964 年萬國博覽會舉行地點。

電影MIB中，
變身UFO。

對面是 Long Island City!

長島市（Long Island City）

　　有人常搞混長島（Long Island）與長島市（Long Island City）。Long Island 是個小島嶼，也是電影《楚門的世界》（The Truman Show）的拍攝地點。而 Long Island City 則是一個社區，距離紐約曼哈頓也很近喔！到此可以搭乘渡輪，相當方便。原為工業區的長島市，也逐漸發展成紐約另一個藝文區，其中 MoMA PS1 可說是代表之一。將原為學校的建築，改建成為展覽現代藝術的地方。而喜歡美劇的人，或許會知道全紐約最大的片場銀杯攝影棚（Silvercup Studios）就在區內。這裡出品的熱門影集包括《超級製作人》（30 Rock）、《慾望城市》（Sex and the City）、《疑犯追蹤》（Person of Interest）、《福爾摩斯與華生》（Elementary）等。

　　若是想拍攝曼哈頓島或欣賞夜景，建議可到 Gantry Plaza State Park。

photo by A&E

布朗克斯區

布朗克斯區（The Bronx）有兩寶，動物園和植物園。

　　遠在紐約北邊的布朗克斯區，因為擁有美國最大的市內野生動物園，以及紐約最大的植物園，所以每年還是吸引許多人遠征北上布朗克斯區。另外，許多棒球迷也會特地到 MLB 的殿堂洋基棒球場（Yankee Stadium）朝聖喔！

布朗克斯動物園（Bronx Zoo）

　　不像其他動物園的經營方式，布朗克斯動物園少了印象中傳統動物園的籠子和水泥牆，更強調動物本身舒適的生活空間，採取人道經營理念。這裡動物多達 6,000 隻，有 650 個物種，分成不同的館。

　　許多人會選擇周三的門票自由捐贈日去參觀。不過要有心理準備，通常會大排長龍。另外，到動物園，還請遵守秩序，盡量不要騷擾到動物們的作息。

Bronx Zoo
交通：West Farms Square-East Tremont Ave（2、5 線）
時間：4 月到 10 月周一至周五 10:00 ～ 17:00；周六、周日、假期
　　　10:00 ～ 17:30。11 月到隔年 3 月周一至周日 10:00 ～ 16:30。
門票：普通票 15 美元，每周三為自由捐贈日。
網址：www.bronxzoo.com

photo by A&E

photo by A&E

紐約植物園
（The New York Botanical Garden）

　　　　記得剛到美國念書時，就跟好友到此參觀過。雖然印象有點模糊，但是對於植物園裡美麗的玫瑰園溫室卻印象深刻；也對於工作人員能如此用心經營植物園，感到佩服。

　　紐約植物園，是紐約最早（1891 年）且最大的植物園，位於布朗克斯動物園旁。所以如果時間允許，建議將兩個景點安排在一起。畢竟去一趟布朗克斯區，也費時不少。

　　園區內共有 42 個花園，其中最有名的就是剛剛提到的玫瑰園溫室。如果想一睹上千朵玫瑰齊放，可以選擇 6 月開花季節前往參觀。園區裡，不僅有溫室、花園、研究中心，也有資料豐富的植物圖書館。如果走累了，還有免費的定點班車可搭乘。

　　除了各類賞心悅目的植物，園裡還有各式展覽，建議可以先上官網看看有沒有感興趣的展覽。

The New York Botanical Garden
交通：Bedford Park（B、D 線）
時間：周二至周日 10:00 ~ 18:00。冬天 1 月中到 2 月 10:00 ~ 17:00；感恩節與聖誕節公休。
門票：普通票 20 美元。
網址：www.nybg.org

小島時間

　　除了矗立著自由女神像的自由島，曼哈頓四周圍繞著許多島，可以找個時間搭乘渡輪，體驗不同的大蘋果之行。

史坦頓島（Staten island）

　　和其他島不同，史坦頓島其實是紐約五大區之一，不過它給人印象卻很不紐約。

　　島上的主要對外交通就是 Staten Island Ferry。如果想看看不同的紐約，那麼史坦頓島絕對是選擇之一。除了免費搭乘渡輪，重點是還可以沿途欣賞曼哈頓全景、自由女神及埃利斯島，完全無須費時排隊參觀自由女神。建議平日非繁忙時間搭乘，可以避開人潮。另外，對於想要拍照的遊客，別忘了去程時坐渡輪右邊，而回程時則坐左邊喔！都可以拍攝到自由女神像全景。

　　到了島上，不妨多花點時間參觀。像是由一位老船長創立的 Snug Harbor；洋基小聯盟球隊球場；或是到稍遠的 Richmond Town 遊覽（周五免費，不過門票其實也不貴）；都是體驗島上特色的方式喔！夏季時，還可以參加 Back to the Beach 活動。

photo by A&E

從渡輪上拍攝

請特別留意，若不想遊島，純粹只是想搭船拍照，到站時還是得先下船，再重新到入口處進站喔！

渡輪
地點：South Ferry 站（砲臺公園旁），
可以搭地鐵 N 線到 Whitehall St，
就有標示指引到渡輪站門口。
網址：www.siferry.com

政府島（Governors Island）

小小的政府島介於曼哈頓與布魯克林區之間，原來是作為軍事用途，如今變身成人們夏日消暑的好去處。這裡除了有著名的 Castle Williams，還有人造沙灘，可以選擇散步或單車漫遊。

請特別留意，政府島並非全年開放，只有夏季才開放給公眾參觀（可以到網站查詢當年的開放期間）。到此搭乘的渡輪有三種，分別是 Manhattan Ferry、Brooklyn Ferry、East River Ferry。

渡輪
網址：www.govisland.com/html/visit/
directions.shtml
eastriverferry.com

自由島與埃利斯島（Liberty Island & Ellis Island）

　　自由島這座無人居住的小島，因自由女神像而聞名。自由島的鄰居，埃利斯島，其實是當時要移民紐約者必須待的檢查站，據說 1892 ~ 1954 年間，約莫 1,700 萬人經此移民到美國。島上的移民博物館，保存了許多當時的文獻，也述說著當時移民者的悲與喜。參觀完自由女神後，回程渡輪會在埃利斯島停留。

> 渡輪
> 地點：South Ferry（砲臺公園 Castle Clinton 售票處）
> 購票：可以上網訂票，但須付手續費。
> 網址：www.statueoflibertytickets.com

關於自由女神像
高 46 公尺的自由女神，若是連底座計算，總高度為 100 公尺，約 30 層樓的高度。由法國政府贈送給美國，慶祝美國獨立 100 周年。自 1886 年落成以來，就成為紐約的地標，也是許多新移民心中嚮往的自由象徵。不過 911 之後，這裡多了許多管制，所以到此參觀，需要注意避免攜帶具危險性的物品。

羅斯福島（Roosevelt Island）

　　屬於紐約郡的一部分，面積不大的它，位於皇后大橋下方，介於皇后區與曼哈頓之間，島上有些獨特的建築，還有 2011 年 8 月才開放給公眾的 South Point Park。來到這裡，

可以愜意地從南到北走一走，大約也只需 20 分鐘，感受不同於繁忙紐約的那份寧靜。島上還有遊客服務中心，可以買專屬於羅斯福島的紀念品。可惜中心中午 12 點才開放，由於趕著行程，我只好忍痛割愛了！

　　島上吸引許多遊客前往的其中一個原因是，可以搭乘空中纜車來往曼哈頓，不但方便，還可以順道欣賞東河的明媚風光。空中纜車更是電影《蜘蛛人》（Spider-Man）中，蜘蛛人大戰綠魔鬼的地點喔！

　　若喜歡在國外採購家具用品，可前往纜車站的 59 街，那邊有許多燈飾店，有好多漂亮的燈飾連我都想海運回家呢！

Roosevelt Island
交通：主要交通方式為空中纜車（Roosevelt Island Tramway），
　　　曼哈頓到島上單程約 5 分鐘。
搭乘地點：2nd Ave 和 E 60th St 的街口，靠近地鐵 59th St and
　　　　　2nd Ave。

 花園州，紐澤西

　　雖說紐澤西（New Jersey）屬於另一州，但因為有便捷的 PATH 交通往來紐約，所以許多上班族都是通勤兩地。對我來說，這裡感覺接近大自然，少了大城市的擁擠，多了些悠閒的氣息，也很適合戶外踏青，秋天時還可以賞楓呢！這裡有許多傳統的美式餐廳，像是之前朋友帶我們去熱門餐廳 Pancake House，就是非常典型的美式料理，好吃但有點分量太多。

　　除了大自然，還有知名的六旗主題樂園（Six Flags）、大西洋城（Atlantic City）、美麗的普林斯頓大學（電影《美麗境界》〔 A Beautiful Mind 〕的主角 John Nash 就是畢業於此）等。如果厭倦了只能到中央公園感受大自然，到紐澤西開車自助遊也是不錯的選擇。

關於 PATH
PATH = Port Authority Trans-Hudson，紐約地鐵系統跟 PATH 不同，搭乘時得另外購票。

好吃分量超多!

Pancake House

NEWYOR
KNEWYO
RKNEW
YORKNEW

ART

5

NEW YOR
KNEWYO
ORKNEW
YORK

紐約東看西看 × 藝術之道

對愛好藝術的人來說，紐約無疑是心目中的朝聖地，更是藝術的大熔爐。在這裡，可以到卡內基音樂廳欣賞美妙的音樂、林肯中心看歌劇、時代廣場來場百老匯劇，或是去看一齣外百老匯劇，或是來趟博物館之旅。

不過許多博物館會安排整修或節假日休息，屆時不開放。因此出發前，最好先上官網查詢具體的開放時間。另外，書中僅列出一般普通票價，其他如學生、長者及兒童是否有優惠，請至各官網查詢喔！

博物館大道

　　位於上城的第 5 大道，因為許多世界聞名的博物館都集中此區，所以被暱稱為博物館大道（Museum Mile）。如果是喜歡細細品味作品者，那麼建議要多規劃幾天，好好一遊大道上不同的博物館。對於時間有限，想走馬看花的遊客，也可以從這裡的博物館中挑選幾個參觀。

　　參觀博物館時，可以看看哪些是可以自由捐獻的博物館，或是有哪些免費時段可以參觀，就有機會節省一筆小錢。

The Met

209

COOPER
HEWITT
OUR SCAFFOLDING DESIGN
EXHIBITION ENDS SOON.

Guggenheim Museum

Museum Mile Festival

節慶時，從 82 街到 105 街的第 5 大道將會交通管制，期間在這條所謂 Museum Mile 內的博物館可以免費自由參觀。除了參觀博物館，還有許多音樂會等活動在街上舉行。舉行時間在 6 月的其中一天（請上官網查詢），晚上 6 ～ 9 點。可以搭乘地鐵到 86th St（4、5、6 線）。
網址：museummilefestival.org

轉轉紐約

大都會博物館（Metropolitan Museum of Art）

　　毫無疑問，紐約最有名氣的博物館非大都會博物館莫屬，紐約客則愛稱它為 The Met。博物館收藏豐富，是美國最大的藝術博物館，也是世界四大博物館之一。館藏之豐富（超過 200 多萬件），需劃分成共 19 個館部才能容納。喜歡梵谷、雷諾瓦作品的遊客，這裡 2 樓有著藏量豐富的相關作品，像是梵谷的自畫像就在此展出。館內除了為世人熟悉的著名畫家的作品，還有許多不同畫家的作品同樣值得細細觀賞。

　　建議至少花上半天的時間，好好逛逛這個世界聞名的博物館。除了欣賞這些館藏，還可以到博物館的頂樓花園眺望中央公園，也是另一種體驗大都會博物館的方法。

　　若喜歡中世紀文物，則可以到大都會博物館的分院修道院博物館參觀。

世界四大博物館？

除了紐約的大都會博物館，還有倫敦大英博物館、巴黎羅浮宮、臺北故宮博物院。

Metropolitan Museum of Art

地址：1000 5th Ave
網址：www.metmuseum.org
時間：周日至周四 10:00 ～ 17:30，周五、周六 10:00 ～ 21:00；部分節日休館。
門票：自由捐獻
備註：入場費包含當日主館（The Met）與分院修道院博物館（The Clostiers）。要到頂樓花園，從博物館的西南角電梯上樓。

新藝廊（Neue Galerie）

　　主要展覽德奧作品，若是對繪畫不熟悉，美術館本身就是一件藝術品，很值得欣賞。這間美術館雖不大，但有一幅鎮館之寶，就是克林姆的 Adele Bloch-Bauer 肖像畫。這幅

畫非常有名且昂貴，當時可是花了相當
於 44 億臺幣購買的喔！這麼說來，這間
小巧的美術館至少價值 40 億臺幣！

　　除了美術館，有空也可以到其附屬
的咖啡館 Cafe Sabarsky 坐坐。

> **Neue Galerie**
> 地址：1048 5th Ave
> 網址：www.neuegalerie.org
> 時間：周一、周四至周日 11:00 ～ 18:00；周
> 　　　二、周三休館。每月第一個周五 18:00 ～
> 　　　20:00 免費。
> 門票：20 美元，禁止未滿 12 歲以下兒童進入，
> 　　　12 ～ 16 歲需有成人陪伴。

古 根 漢 博 物 館（Guggenheim Museum）

　　造型奇特，是美國著名建築師萊特（Frank Lloyd Wright）生前最後一件設計作品，
外觀呈現螺旋狀。有點像是貝殼的古根漢向來是遊客必訪的博物館之一。念書時，因為
這裡經常大排長龍，不愛排隊的我，總是一再錯過。直到有一次為了看美國知名插畫家
Norman Rockwell 的畫展，才真正入館參觀。其實早在
1942 年富豪古根漢就委託萊特進行設計這座博物
館，但當初因其前衛的造型曾遭紐約市政府否決，
後來拖到 1959 年才完工。

　　許多人來古根漢參觀不只是因為其館藏，更多是
為了建築物本身而來。當遊客入內參觀時，常常都
會被那從天窗透下來的光線所營造的美而吸引。

奇特造型形成
特殊的展覽空
間！

> **Guggenheim Museum**
> 地址：1071 5th Ave
> 網址：www.guggenheim.org
> 時間：周日至周三、周五 10:00 ～ 17:45，周六
> 　　　10:00 ～ 19:45；周四休館。
> 門票：22 美元，周六 17:45 ～ 19:45 自由捐獻。

國家設計學院
（National Academy of Design）

　　兼具藝術學校與博物館，於 1825 年，由當時
一批推廣純藝術的美國藝術家所建。館內收藏了相
當多 19 ～ 20 世紀時期的美國藝術品。

> **National Academy of Design**
> 地址：1083 5th Ave
> 網址：www.nationalacademy.org
> 時間：周三至周日 11:00 ～ 18:00；
> 　　　周一、周二休館。
> 門票：自由捐獻

古柏惠特博物館（Cooper Hewitt Museum）

　　這棟位於上東城，有如豪宅般的博物館，是由 Peter Cooper 的三個孫女所創立。
Peter Cooper 其實就是前面章節（東村）
介紹的 Cooper Union 創辦人，也是位發
明家。或許是因為受到 Peter Cooper 的
影響，古柏惠特博物館的展覽多是關於
一些探索日常生活與設計關聯的主題。

　　除了看展，無須購票就可以到博物
館所屬的咖啡店與花園參觀。

> **Cooper Hewitt Museum**
> 地址：2 E 91st St
> 網址：www.cooperhewitt.org
> 時間：平日、周日 10:00 ~ 18:00，周六 10:00 ~
> 　　　21:00。花園與咖啡店，平日、周日
> 　　　08:00 ~ 18:00，周六 08:00 ~ 21:00。
> 門票：16 美元（線上購票比較便宜）

猶太博物館（The Jewish Museum）

　　設於 Felix M. Warberg 的豪宅中，館藏主要為猶太歷史與藝術，在美國的猶太博物
館中最為著名。如果想多參觀幾個猶太人文化的博物館，也可以到位於砲臺公園內的
Museum of Jewish Heritage。

> **The Jewish Museum**
> 地址：1109 5th Ave
> 網址：thejewishmuseum.org
> 時間：周日至周二 11:00 ~ 17:45，周四 11:00 ~
> 　　　20:00，周五、周六 11:00 ~ 17:45；周三休館。
> 門票：15 美元，周四 17:00 ~ 20:00 自由捐獻，周六
> 　　　免費。

> **Museum of Jewish Heritage**
> 網址：www.mjhnyc.org/findex.html#.
> 　　　VCZLv_mnqJg

紐約市博物館（Museum of the City of New York）

　　外觀華麗的紐約市博物館曾出現在熱門影集《花邊教主》中，被當成是該劇高中
部的校園建築。展覽方面，主要關於紐約歷史
及包括三個常態展覽，主題包含 New York Toy
Stories、Trade（關於 1600 ~ 1970 年代紐約港的
角色扮演）、New York Interior，有 6 個裝飾華麗
的展示房間，呈現不同時期的風格。

> **Museum of the City of New York**
> 地址：1220 5th Ave
> 網址：www.mcny.org
> 時間：周一至周日 10:00 ~ 18:00
> 門票：自由捐獻

巴里奧博物館（El Museo del Barrio）

　　在博物館大道盡頭的巴里奧博物館，是間關於拉丁美洲文化的博物館。除了有常態展關於 Tiano 文化，也會有不定期展覽，諸如一字眉女畫家 Frida Kahlo 的作品展。

El Museo del Barrio
地址：1230 5th Ave
網址：www.elmuseo.org
時間：周三至周六 11:00 ～ 18:00
門票：自由捐獻

New York Historical Society

博物館大道之外

由於紐約實在太多別具特色的博物館,因此如果停留紐約的時間較長,建議除了博物館大道的博物館,也可以參觀其他博物館。這裡列出幾個有特色和我個人特別喜歡的博物館,供大家參考。

紐約處處都是大小博物館跟藝廊!

museum mile之外!

Good! And it's FREE!!

美國印第安人博物館 (The National Museum Of the American Indian)

位在紐約最古老的公眾公園 Bowling Green 對面。這棟歷經多次轉手的建築物,在 1994 年成為紐約美國印第安博物館的家。這

Intrepid Sea,Air & Space Museum

Museum of American Illustration

American Museum of Natural History

MoMA

American Museum of Natural History

Museum of American Illustration

The Frick Collection

裡除了建築物本身相當值得參觀，館內的展覽也很豐富，如果想了解一些關於印第安人文化，這會是個很棒的資料庫。

The National Museum Of the American Indian
地址：1 Bowling Green
網址：nmai.si.edu
交通：Bowling Green（4、5 線）
時間：周一至周日 10:00 ～ 17:00，周四延至 20:00。
門票：免費

Fraunces Tavern Museum

緊鄰華爾街，這棟低調至極的博物館，建於 1671 年，是曼哈頓現存最古老的大樓。其中 2 樓的 Long Room 是華盛頓交出軍權之處，相當特別。2、3 樓為博物館，1 樓是餐廳飯店，在這用餐更能感受歷史的韻味。

Fraunces Tavern Museum
地址：54 Pearl St
網址：frauncestavernmuseum.org
交通：Whitehall St（N、R 線）
時間：周一至周日 12:00 ～ 17:00
門票：7 美元

新美術館（New Museum）

座落在下東城，看似六個盒子疊疊樂般的奇特建築，就是新美術館的新館。雖名為新，其實博物館已經成立將近 40 年，取其具有對藝術創新之意。其外觀覆上一層鋁網，透過陽光照射與天氣變化，會有不同的視覺感受。另外想從高處欣賞下東城，可以在周六、周日時到博物館的 Sky Room，飽覽沒有高樓大廈阻擋視線的紐約。

New Museum
地址：235 Bowery
網址：www.newmuseum.org
交通：2 Ave（F 線）、Bowery（J、Z 線）
時間：周三、周五至周日 11:00 ～ 18:00，周四 11:00 ～ 21:00。
門票：16 美元，周四 19:00 ～ 21:00 自由捐獻。

Lower East Side Tenement Museum

　　這棟 5 層樓的紅磚公寓，曾在 1863 ～ 1935 年，成為來自各國約 7,000 移民者的家。現為陳列過往移民史地的博物館，館內還呈現了當時人們的生活環境，讓我們更了解移民者在此生根的艱辛。

> **Lower East Side Tenement Museum**
> 地址：97 Orchard St
> 網址：www.tenement.org
> 交通：Delancey St（F 線）
> 時間：周一至周日 10:00 ～ 18:00
> 門票：25 美元

美國華人博物館（Museum of Chinese in America）

　　在美國近代開發史上，不可抹滅華人確實有其貢獻。然而早期紐約博物館對於華人歷史資料興趣缺缺，直到博物館的前身華埠歷史研究社，於 1980 年開始收集華人在美的資料，經過多年努力，在 1992 年創辦了美國華人博物館，也才有今日看到的展品。這些展品也許只是一雙繡花鞋，或是一張老照片，卻都是美國華人的祖先們，在異鄉努力扎根的見證。

> **Museum of Chinese in America**
> 地址：215 Centre St（2009 年才移至此地）
> 網址：www.mocanyc.org
> 交通：Canal St（N、Q、R、J、Z、6 線）
> 時間：周二、周三、周五至周日 11:00 ～ 18:00，周四 11:00 ～ 21:00；每月第一個周四免費。
> 門票：10 美元

惠特尼美術館（Whitney Museum of American Art）

　　向來以美國現代藝術藏品聞名，不過早期的惠特尼其實偏向收藏寫實派作品。1940 年代後，則收藏當代藝術作品居多（抽象）。這裡有許多 Edward Hopper 的作品，主要描繪美國當代生活寂寞的一面，其著名作品像是《夜遊者》（Nighthawk）。

> **Whitney Museum of American Art**
> 地址：99 Gansevoort Street
> 網址：whitney.org
> 交通：14th St（A、C、E、L 線）
> 時間：周一、周三、周日 10:30 ～ 18:00，周四、周五、周六 10:30 ～ 22:00；周二休館。
> 門票：22 美元

設計學院博物館（FIT Museum）

　　名列紐約三大設計學院，FIT 向來是熱愛時尚設計者心中的理想學校。而許多時裝界名人都是該校校友，像是《決戰時裝伸展台》中的毒舌評審 Michael Kors、Nian Garcia，以及知名品牌創辦人 Calvin Klein。如果對時尚設計有興趣，那麼趁著紐約旅行期間到設計學院博物館參觀，將是不錯的選擇。

摩根圖書館與博物館
（Morgan Library & Museum）

位於麥迪遜大道的這三棟古典建築，收集了金融家摩根（Pierpont Morgan）的收藏品。摩根過世時，他的兒子小摩根（J.P. Morgan, Jr.）遵守父親的遺願，將其畢生的收藏與大眾分享，而把大部分的藏品都捐給了大都會博物館。不過小摩根則將父親最喜歡的一些藏品（如珍貴手稿等）留在摩根圖書館，並交由基金會管理。

摩根圖書館，除了本身美麗的建築值得欣賞，館內還有許多有名的藏品，像是古騰堡聖經抄本、林布蘭素描手稿等。摩根圖書館也是世界上唯一擁有 3 部古騰堡聖經抄本的機構。

無畏號航空母艦博物館（Intrepid Sea, Air & Space Museum）

位於紐約港的無畏號航空母艦博物館，來頭不小。曾經歷了二戰、韓戰與越戰，退役後就在紐約定居，並改裝成軍事博物館。對於飛機迷，看到甲板上一字排開的各類戰鬥機及直升機，應該正如血拼女看到 Outlet 一樣興奮。

現代藝術博物館（MoMA）

MoMA 是 Museum of Modern Art 的簡稱，它在紐約眾多博物館中也是熱門的選擇。收藏許多名畫，包括畢卡索、馬諦斯、梵谷等人作品，還有我很喜歡的抽象派畫家康丁斯基

（Kandinsky）的作品。博物館外的花園則擺放了許多奇特的藝術品，晴天時還可以在花園享受片刻陽光。

MoMA 的票價不便宜，若是不怕排隊，可以選擇周五的免費時段前來參觀。

藝術設計博物館（MAD Museum）

MAD Museum 是 Museum of Arts and Design 的簡稱，前身是 American Craft Museum。2008 年經過波蘭建築師 Brad Cloepfil 之手，成了以設計藝術為主的博物館。相較於前身，改裝後變得更受歡迎了。

弗里克收藏博物館（Frick Collection）

　　和摩根圖書館一樣，這裡眾展品都是美國富豪 Henry Clay Frick 生前所收藏，而且他偏愛 16 ～ 18 世紀時期的作品。由於沒有子女繼承，因此眾多藏品自然就收歸國有。除了館內藏品，這棟在中央公園旁的建築物，本身也是值得欣賞的藝術品。

　　另外要注意的是，館內只有花園開放遊客拍照。

> Frick Collection
> 地址：1 E 70th St
> 網址：www.frick.org
> 交通：68St-Hunter College（6 線）
> 時間：周二至周六 10:00 ～ 18:00，周日
> 　　　11:00 ～ 17:00；周一休館。
> 門票：20 美元，周日 11:00 ～ 13:00 自由捐獻。

美國插畫博物館（Museum of American Illustration）

　　這家小巧的博物館主要展覽各類插畫作品。2 樓的部分是 MoCCA（Museum of Comic and Cartoon Art），主要是展覽漫畫原稿，許多都是我們熟悉的作品，像是超人、蝙蝠俠。看著原稿與印刷後的彩色稿，真的很棒！

　　3 樓則是餐廳兼展覽廳，還有戶外花園座位，可說是個多元化的小博物館！不過比較起展品的數量，門票的票價顯得稍微貴了些。

> Museum of American Illustration
> 地址：128 E 63rd St
> 網址：www.societyillustrators.org
> 交通：59 St（4、5、6 線）、Lexington Av/59St
> 　　　（N、Q、R 線）
> 時間：周二 10:00 ～ 20:00，周三至周五
> 　　　10:00 ～ 17:00，周六 12:00 ～ 16:00。
> 門票：10 美元，周二 17:00 ～ 20:00 免費。

美國自然歷史博物館（American Museum of Natural History）

　　提及美國自然歷史博物館，就會想到電影《博物館驚魂夜》（Night at the Museum）裡，像隻小狗似的可愛暴龍！不過真實的博物館大廳布置並非跟電影完全相同，而館內也沒有羅賓威廉斯模樣的老羅斯福總統雕像，不過館外大門口倒真的是有騎馬雕像喔！

　　喜歡人文歷史及自然方面的遊客，一定要來這裡。除了有許多做工精緻的展品與珍貴的化石，還可以到有巨型球狀造型的 Rose Center，欣賞宇宙誕生或恐龍的 IMAX 影片。和大都會博物館一樣，它也是屬於超大的博物館。由於參觀的時間可能需要較長，建議盡量預留半天以上的時間，有餘裕建議到與博物館相連的 Theodore Roosevelt Park 走走。

> American Museum of Natural History
> 地址：Central Park 79th St
> 網址：www.amnh.org
> 交通：81 St-Museum of Natural History（B、C 線）
> 時間：周一至周日 10:00 ～ 17:45
> 門票：自由捐獻

紐約最古老的博物館，紐約歷史協會（New York Historical Society）

　　想了解關於大蘋果的歷史文化，那麼不可錯過這座號稱紐約最古老的博物館。其中值得一提的是這裡有個非常棒的圖書館。不僅包含大量關於紐約市過往的歷史文獻，博物館還展出許多特別的收藏品。有時也會舉行些特展，我曾參觀過著名繪本《瑪德琳》（Madeline）的展覽，相當有趣。

New York Historical Society
地址：170 Central Park West
網址：www.nyhistory.org
交通：81st St-Museum of Natural History（B、C 線）
時間：周二至周四、周六 10:00 ～ 18:00，周五 10:00 ～ 20:00，周日 11:00 ～ 17:00；周一休館。
門票：19 美元，周五 18:00 ～ 20:00 自由捐獻。

修道院博物館（The Cloister）

　　大都會博物館的分館，若喜歡中世紀藝術品，一定不可錯過。這裡由於遊客較少，所以顯得格外的幽靜舒適。

The Cloister

地址：99 Margaret Corbin Drive, Fort Tryon Park

網址：www.metmuseum.org/visit/visit-the-cloisters

交通：190th St（A 線），沿著 Margaret Corbin Drive 向北步行約 10
　　　分鐘；或是出地鐵站搭 M4，往北一站。如果是從大都會博物
　　　館過來，可以到 Madison Avenue/83rd Street 搭 M4 至終點站。

時間：3 月至 10 月 10:00 ～ 17:15，11 月至隔年 2 月 10:00 ～ 16:45。

門票：持有當日大都會博物館的門票即可進入，否則須另外購票。

如何判斷哪些博物館是自由捐贈？
只要官網門票（Admission）顯示 suggested admission，就是可以自由捐獻。不過既然出國
血拼可以花大錢，在博物館的門票上，盡量也不要太小氣喔！

除了百老匯，
還有外百老匯，外外百老匯

不論是否為音樂劇愛好者，建議到了紐約之後，都應該挑齣劇看看。建議初次看百老匯劇的人，最好避免挑純 play 的劇（只有對白、無音樂舞蹈），記得有次去看了部純 play 的劇，全場生澀的對白真把我給弄暈了。盡量挑選些經典易懂的歌舞劇，像是《歌劇魅影》、《獅子王》，都是很棒的選擇。

除了百老匯劇（Broadway Show），還有許多外百老匯劇（Off-Broadway），以及外外百老匯劇（Off-Off-Broadway），一般都區分為 Comedy、Drama、Musical、Spectacle 四類。

而外百老匯劇與外外百老匯劇，雖然沒有百老匯劇名氣響亮，但是不乏許多精采的作品，而且還可以遇到好萊塢明星主演的作品。有次跟朋友就看到電影《愛在日落巴黎時》（Before Sunset）中的伊森霍克，真是驚喜。

關於百老匯門票

除了到 tkts 售票亭購買折扣票，或是等待開映前到櫃檯購買優惠票，現在還有許多人選擇上網購票，如 broadwaybox.com 或 playbill.com 等，這些網站選擇多，可以多方比較價格。

關於每年的 Open House 活動

這段期間有些平常不開放公眾參觀的建築，將有專人帶領參觀。當然有些建築平常就是可以參觀的景點，而這時會搭配一些活動與講座。之前曾參加某個教堂的講座，才知道原來這麼美麗的建築，也有著不為人知的一段過往。因為活動很受歡迎，所以記得提早上網索票（免費），很多參觀必須憑票入場。
網址：www.openhouseworldwide.org/index.php

NEWYOR
KNEWYORO
RKNEW Y
YORKNEW

6

Shopping

food!

NEW YORK NEW YORK NEW YORK NEW YORK

NEWYO
KNEWYO
ORKNEW
YYORK

第六步

紐約找找挑挑 & 吃吃喝喝

紐約的迷人之處，每個人或許有不同見解。有人喜歡它的建築，喜愛它的街道，或是熱愛它的藝術氣息和五光十色的第 5 大道 shopping mall；也有人可能因其處處都有各國美味料理而深深著迷。那麼你對紐約的迷戀又是什麼呢？

Lower Level
Men

紐約找找挑挑 x
購物之道

轉轉紐約

對於熱愛血拼的人來說，紐約無疑是個理想城市。無論喜歡頂級名牌，還是喜歡跳蚤市場尋寶或充滿復古風的二手店，這裡都有。那麼，不需要猶豫了，就讓我們逛街去吧！

逛市集（體驗跳蚤市場的奧妙）

對我來說，國外旅遊必排行程就是到當地市集或跳蚤市場逛逛。能否尋到寶是一回事，重點在於喜歡那種沒有特定目標，與當地人的悠閒步伐同調，隨意走走看看的感覺。如果在紐約的停留時間短，又想來趟市集之行，那根據《Time Out New York》的強力推薦，第一名必逛跳蚤市場就是 Brooklyn Flea。

綠色農夫市場（Union Square）

由 GrowNYC 非營利組織所辦的綠色農夫市場（Greenmarket），在我 2000 年念書時就有了，算是有點歷史的露天市場。這裡可以買到許多五顏六色的新鮮蔬果與 home-

228

made 食品，還可以看到許多臺灣少見的食材。電影《電子情書》中，主角所逛的市集場景就是在此拍攝。

Greenmarket
地址：Union Sq East& West
網址：www.grownyc.org/unionsquaregreenmarket
交通：14 St-Union Sq（L、N、Q、R、4、5、6 線）
時間：周一、周三、周五、周六 08:00 ~ 18:00

The Chelsea Flea Market（Chelsea）

以前最愛的雀爾喜戶外跳蚤市場，如今已經搬家。當時許多攤販也已經搬往新的地點。新據點之一就是 The Chelsea Flea Market，這裡有多達 130 多個小攤，出售各式各樣的商品，像是二手漫畫書、復古風服飾、舊家具等。特別是家具，每次逛都有很多東西想買回家。

The Chelsea Flea Market
地址：W 25th St（介於 Broadway 和 6th Ave）
網址：www.annexmarkets.com/chelsea-flea-market
交通：23 St（N、R、F、1、6 線）
時間：周六、周日 09:00 ~ 18:00

Hell's Kitchen Flea Market（Clinton）

　　簡稱 HKFM，曾被《國家地理雜誌》票選為世界上十大最佳購物街。與 The Chelsea Flea Market 一樣，是同一主辦單位。喜歡鑄鐵印刷字母的人，這裡有家攤位超多此類商品。此外，還有許多手作攤位。之前在這裡購買的手工彩繪俄羅斯娃娃，做工精細且價格合理，很適合當伴手禮送人。

做工一級棒！

> **Hell's Kitchen Flea Market**
> 地址：W 39th St（介於 9th Ave 和 10th Ave）
> 網址：www.annexmarkets.com/hells-kitchen-flea-market
> 交通：Port Authority 或 Penn Station（A、C、E 線）
> 時間：周六、周日 09:00 ～ 17:00

Brooklyn Flea（Brooklyn）

　　其實 Brooklyn Flea 是許多不同類型市集的代名詞。有 Smorgasburg Dumbo（在 Brooklyn Bridge Park）或 Williamsburg Smorgasburg 的 All Food Market 類型；也有以跳蚤市場為主的 Fort Greene Flea 和 Williamsburg Flea 等。不過一般最為遊客熟悉的應該是 Williamsburg Flea，除了美食，還有各種有趣的小玩意等待遊客來發掘。可以邊吃邊逛，在此欣賞對岸曼哈頓的摩天大樓景致。

　　不過請留意，戶外市集通常在冬天會移到室內舉行，出發前別忘了上網查看資訊喔！

231

⊘ **Williamsburg Smorgasburg 與 Williamsburg Flea**
地址：（Smorgasburg）East River State Park/（Flea）50 Kent Ave
交通：Bedford Ave（L 線）、搭乘 Ferry 到 N 6 th St/N Williamsburg
時間：Williamsburg Smorgasburg 周六 11:00 ～ 18:00，Williamsburg Flea 周日 10:00 ～ 17:00。

Fort Greene Flea
地址：176 Lafayette Ave（介於 Clermont Ave 和 Vanderbilt Ave）
網址：www.brooklynflea.com
時間：周六 10:00 ～ 17:00

經典逛街路線

　　如果屬於《慾望城市》迷或購物狂，就是喜歡感受在紐約鬧區中逛街血拼，那麼中城區應該是主要安排行程的地方。熱愛逛百貨公司的人，百貨公司雲集的中城區，一定可以滿足需求。除了可以到號稱世界最大百貨公司的梅西，或是復古華麗風的 Saks Fifth

Avenue，還可以去影集《六人行》中瑞秋工作過的 Bloomindale 等各百貨公司。

除了百貨公司，紐約著名購物大道——第 5 大道與麥迪遜大道，兩旁的名牌旗艦店更是讓人目不暇給。尤其聖誕節等節慶日，欣賞兩旁布置精緻的櫥窗更是人們逛街的樂趣之一。

不僅中城區，下城區的 SoHo 也是很適合逛街的地區。對我來說，我更喜歡 SoHo 的逛街步調，那裡有許多較具特色的店，分布在大街小巷中，一面逛街還可以一面漫步。

如果喜歡 Outlet，但又不想到遠在郊區的 Outlet，不妨到位於金融區的 Century 21。這家在下城的百貨公司，以折扣價格出售名牌的過季商品，像是 D&G、Marc Jacobs 等高級品牌都有，而且樣式多，從衣服到配件一應俱全。

巷內的人氣二手小店

許多精緻的二手店，是很多人的尋寶之處。由於國外的二手文化風行已久，因此很多人都習慣到二手店買東西或賣東西。像是以前念書時所居住的東村公寓對面，就有家復古風的二手店，記得我曾在那買過不少特別的東西。不過挑選二手物時，記得看店家有沒有處理好商品，是否乾淨。另外，有些復古二手商品的價格其實不見得特別便宜，下手前還是得衡量一下。

因為紐約實在太多二手商店，也許逛街停留的當下，兩旁就是二手店。在這裡跟大家分享幾家不錯的二手店。

全美連鎖二手店，Buffalo Exchange

將二手衣店擴張至全美的連鎖店——Buffalo Exchange，相當具有特色。店內不僅款式眾多，偶爾還會有全新商品。不過比起其他二手店，單價較高。在紐約共有 5 家分店（分別在皇后區、布魯克林區與曼哈頓）。

> Manhattan 分店 1
> 地址：332 E 11th St, East Village
>
> Manhattan 分店 2
> 地址：114 W 26th St, Chelsea
> 網址：www.buffaloexchange.com
> 　　　（其他三家可上官網搜尋）

東村二手店地圖

或許是受東村過去的歷史影響，這裡的二手店相當多。其中 E 9th St 更聚集了許多

有趣的店家。如果不想大街小巷地尋找二手店,不妨集中火力在 E 9th St 周圍尋寶。西村和東村一樣,也是二手店的聚集地,不過部分店家的風格跟東村的前衛風還是有點區別。

Metropolis Vintage
嬉皮風格商品。
地址 : 43 3rd Ave

Cobblestones
復古風商品。
地址 : 314 E 9th St

Local Clothing
日系及復古風服飾。
地址 : 328 E 9th St

Fabulous Fanny's
適合眼鏡框發燒友。
地址 : 335 E 9th St

The Upper Rust
可愛的二手家具家用品店。
地址 : 445 E 9th St

血拼 Woodbury Common Premium Outlets

紐約近郊有許多 Outlet,其中最廣為人知的應該是 Woodbury。因為它距離曼哈頓約 1 小時車程,所以相當受歡迎。記得念書時,陪親友們到此一遊太多次,多到最後我都快

沒有購買慾了。不過貴為美東最大的名牌購物商場,Woodbury 除了規劃完善,多達 220 間的店家,還不乏高級品牌,像是 BV、GUCCI、CELINE、UGG、TUMI 等。近年備受追捧的 Tory Burch 也都有設店。

不過來此購物前,建議最好先做功課,免得到時太過興奮,浪費了許多時間排隊或找商店喔!

Woodbury 血拼教戰手冊

抵達之前：

1. 先上網免費登記會員，並下載兌換 coupon book 的票券。

2. 下載地圖，並事先規劃想去的店。

3. 到巴士站（Shortline）買票時，記得說明 ticket without coupon book，可省下將近 10 美元。所以，你了解為什麼要先登記會員了吧？

4. 上網購票可以刷卡，但是需要列印出一張確認單，然後當天到 2 樓換票；若現場買票只能付現。

5. 盡量平日去，不過若碰到特殊節慶時，往往有更多折扣，只是人潮相對更多。

6. 既然準備血拼，請穿戴輕鬆的衣服、鞋子。

7. 雖然商場有餐廳，不過若不想花時間用餐，可以自行帶些食物果腹。

8. 如果計畫大採購，可以攜帶空行李箱，或是現場購買行李箱。

抵達之後：

1. 特別是初次拜訪的人，往往失心瘋，買了許多不適用的東西。建議讓自己冷靜點，並仔細檢查欲購買的物品是否有瑕疵。

2. 先從自己最想逛的店開始，別走馬看花浪費時間。

Woodbury

地址：498 Red Apple Court Central Valley, NY

網址：www.premiumoutlets.com/outlets/store_listing.asp?id=7

交通：到 43 街的巴士總站（Port Authority），搭乘 Gray Line 或 Short Line Coach USA。另外 Flushing 也有專車到 Woodbury，方便住在皇后區的遊客，不過請留意回程的車次少；中國城也有巴士可以搭乘。一般車票都包含來回票及兌換 coupon book 的券。

Gray Line

網址：www.newyorksightseeing.com/tourpage.php?item=WC

Short Line Coach USA

網址：www.coachusa.com/shortline/booking.asp?action=ProductDetail&productId=1985

紐約吃吃喝喝 x
美食之道

或許受到早期移民文化影響，紐約街頭小吃及餐廳，充滿各種道地的異國料理。

何謂餐廳周（restaurant week）

如果不想太傷荷包，又想品嘗紐約高級餐廳，可以選擇午餐時間前往餐廳，一般都會有 Lunch Special，價格上也相對便宜些。另外就是趁紐約餐廳周的時間，安排美食行程。

每年夏、冬，紐約會舉行兩次餐廳周活動。許多平民小吃及高級餐廳都會參與，尤其是那些平時得花大錢才可以享用的美食，這段時間所有價格都統一。在 NYU 時曾經試過幾家所謂的高檔餐廳，真的很對不起廚師們，因為我實在不大習慣這些精雕玉琢的食物。不過對於美食家來說，餐廳周無疑是一大盛事。

品味紐約客生活！紐約街邊小吃

或許是方便上班族用餐，紐約街頭有很多街邊小吃車，其中販售甜甜圈和咖啡的小攤最為普遍，另外還有很多販售炒飯炒麵等食品的小攤。我曾吃過幾攤，最愛的應該是自然歷史博物館前的那家，那種脣齒留香的口感至今難忘。

Hot Dog

Pretzel

doughnut

Brunch 文化 in 紐約

　　紐約客因為平時工作繁忙，所以除了 Friday Night 放風時間，周末的 Brunch Time 也是許多人休息與朋友相聚的方式。其中幾家最有名的早午餐餐廳，像是前面介紹的 Sarabeth's 和 Clinton Street Bakery，都是許多紐約客周末的早午餐之選。

New Yorker 愛貝果

　　貝果可說是紐約飲食文化重要的角色，相信票選紐約代表性食物，貝果應該可以進前三名。這裡列出幾家我覺得值得品味的的貝果店。

Ess-a-Bagel

　　古法製造的貝果，有多種口味，推薦 Chicken salad on everything bagel 和 everything bagel with cream cheese。

> Ess-a-Bagel
> 地址：359 1st Ave/831 3rd Ave

ZABAR's

　　百年老店 ZABAR's，雖然名氣最響的是招牌 panini，不過我個人比較喜歡它的貝果。

> ZABAR's
> 地址：2245 Broadway

Ray's Pizza Bagel Cafe

　　和連鎖店 Ray's Pizza 不是同一家喔！這是我在東村居住時，最愛的早餐地點！每天新鮮烘焙的貝果，真的很香，口感很甜。

> Ray's Pizza Bagel Cafe
> 地址：2 Saint Marks Place

紐約餐廳點評及訂位好用的網站

點評可以參考 yelp，除了評價，還有餐廳的詳細資料。另外有出書的 ZAGAT，也是許多人選擇餐廳的依據。懶得打電話預約，有些餐廳可以透過 Opentable 訂位，相當方便。

yelp：www.yelp.com

ZAGAT：www.zagat.com/new-york-city

Opentable：www.opentable.com/new-york-city-restaurants

國家圖書館出版品預行編目資料

轉轉紐約 / 林芳年 圖文‧攝影.
-- 初版. --
臺北市：華成圖書，2015.10
　面；　公分. --（自主行系列；B6172）
ISBN 978-986-192-258-4（平裝）

1. 旅遊 2. 美國紐約市

752.71719　　　　　　　　　　　　104015698

自主行系列　　B6172

轉轉紐約

作　　　者／林芳年

出版發行／華杏出版機構
　　　　　華成圖書出版股份有限公司
　　　　　www.far-reaching.com.tw
　　　　　台北市10059新生南路一段50-2號7樓
　　　　　戶　　名　華成圖書出版股份有限公司
　　　　　郵政劃撥　19590886
　　　　　e-mail huacheng@farseeing.com.tw
　　　　　電　　話　02-23921167
　　　　　傳　　真　02-23225455
　　　　　華杏網址　www.farseeing.com.tw
　　　　　e-mail fars@ms6.hinet.net
　　　　　華成創辦人　　郭麗群
　　　　　發 行 人　　蕭聿雯
　　　　　總 經 理　　熊　芸
　　　　　法律顧問　　蕭雄淋‧陳淑貞

　　　　　總 編 輯　　周慧琍
　　　　　企劃主編　　蔡承恩
　　　　　企劃編輯　　林逸叡
　　　　　執行編輯　　張靜怡
　　　　　美術設計　　林亞楠
　　　　　印務專員　　何麗英

定　　　價／以封底定價為準
出版印刷／2015年10月初版1刷

總　經　銷／知己圖書股份有限公司
　　　　　　台中市工業區30路1號　　電話　04-23595819　　傳真　04-23597123

☺讀者回函卡

謝謝您購買此書,為了加強對讀者的服務,請詳細填寫本回函卡,寄回給我們(免貼郵票)或
E-mail至huacheng@farseeing.com.tw給予建議,您即可不定期收到本公司的出版訊息!

您所購買的書名/_____ 購買書店名/_____

您的姓名/_____ 聯絡電話/_____

您的性別/□男 □女　　　您的生日/西元_____年____月____日

您的通訊地址/□□□□□_____

您的電子郵件信箱/_____

您的職業/□學生 □軍公教 □金融 □服務 □資訊 □製造 □自由 □傳播
　　　　　□農漁牧 □家管 □退休 □其他

您的學歷/□國中(含以下) □高中(職) □大學(大專) □研究所(含以上)

您從何處得知本書訊息/(可複選)

□書店 □網路 □報紙 □雜誌 □電視 □廣播 □他人推薦 □其他

您經常的購書習慣/(可複選)

□書店購買 □網路購書 □傳真訂購 □郵政劃撥 □其他_____

您覺得本書價格/□合理 □偏高 □便宜

您對本書的評價(請填代號/ 1.非常滿意 2.滿意 3.尚可 4.不滿意 5.非常不滿意)

封面設計_____ 版面編排_____ 書名_____ 內容_____ 文筆_____

您對於讀完本書後感到/□收穫很大 □有點小收穫 □沒有收穫

您會推薦本書給別人嗎/□會 □不會 □不一定

您希望閱讀到什麼類型的書籍/_____

您對本書及我們的建議/

廣 告 回 信
台 北 郵 局 登 記 證
台北廣字第000526號

免 貼 郵 票

華杏出版機構

華成圖書出版股份有限公司　收

台北市10059新生南路一段50-1號4F　　TEL/02-23921167

（沿線剪下）

（對折黏貼後，即可直接郵寄）

☺ 本公司為求提升品質特別設計這份「讀者回函卡」，懇請惠予意見，幫助我們更上一層樓。感謝您的支持與愛護！

www.far-reaching.com.tw　　　　請將　B6172　「讀者回函卡」寄回或傳真(02) 2394-9913